Hans-Jürgen Fuß

Mecklenburgisch-Brandenburgische
KLEINSEENPLATTE

Ein Wanderführer

grünes herz

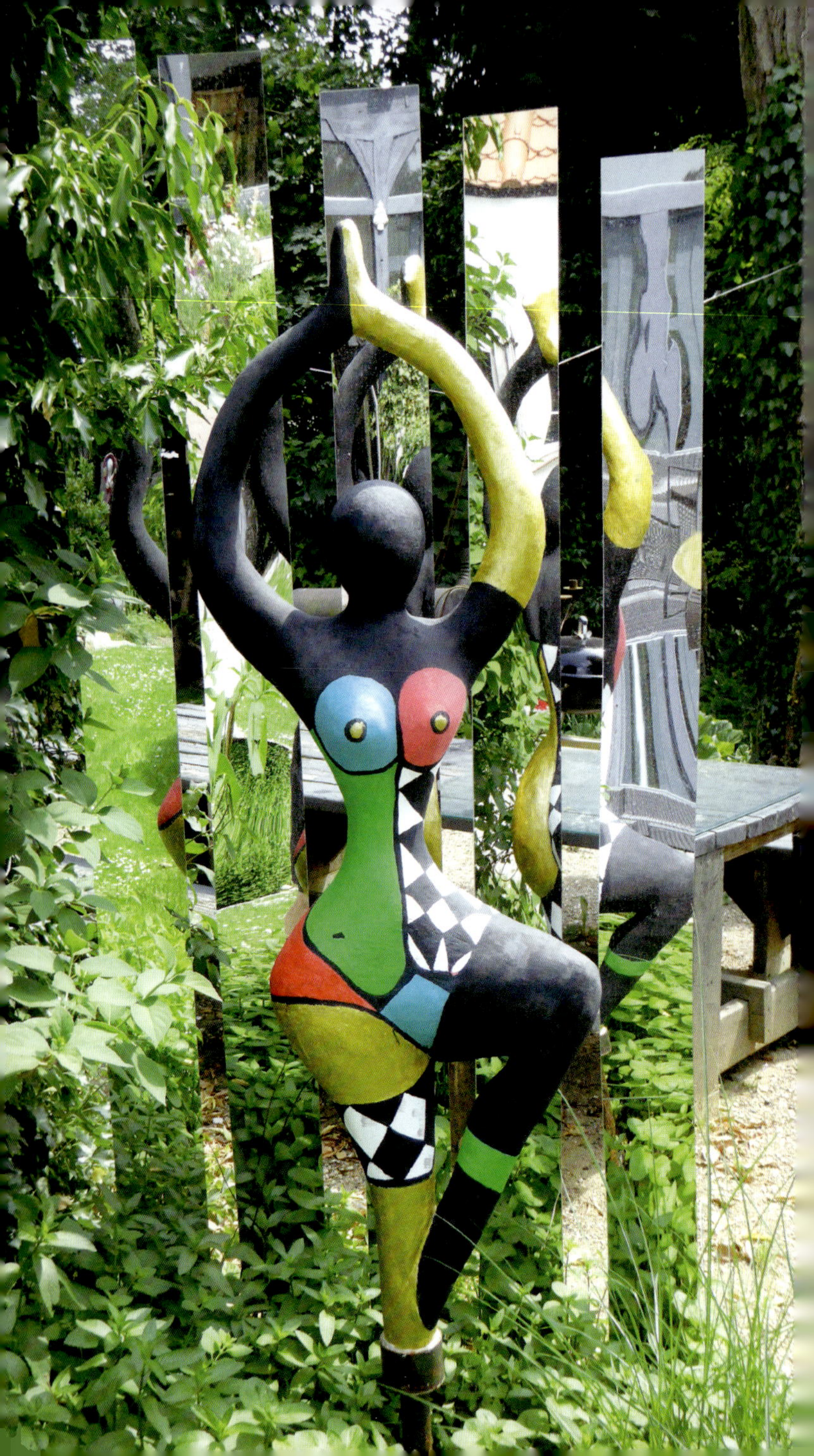

◀ *Farbenfrohe „Betonkunst" umgibt das Landhaus „Labes" am Großen Stechlinsee.*

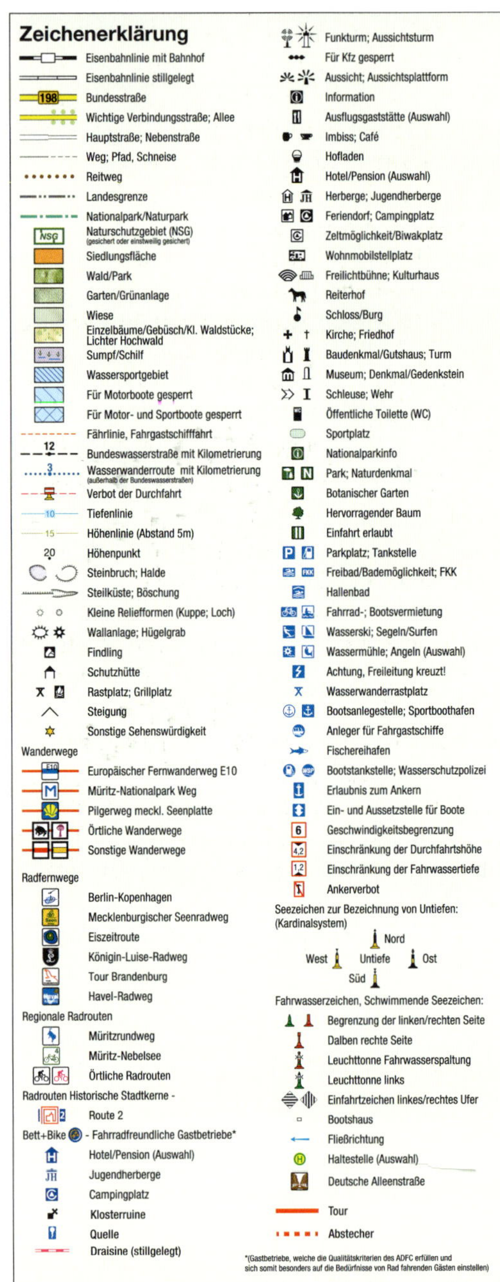
Zeichenerklärung
Eisenbahnlinie mit Bahnhof
Eisenbahnlinie stillgelegt
198
Bundesstraße
Wichtige Verbindungsstraße; Allee
Hauptstraße; Nebenstraße
Weg; Pfad, Schneise
Reitweg
Landesgrenze
Nationalpark/Naturpark
NSG
Naturschutzgebiet (NSG)
(gesichert oder einstweilig gesichert)
Siedlungsfläche
Wald/Park
Garten/Grünanlage
Wiese
Einzelbäume/Gebüsch/Kl. Waldstücke; Lichter Hochwald
Sumpf/Schilf
Wassersportgebiet
Für Motorboote gesperrt
Für Motor- und Sportboote gesperrt
Fährlinie, Fahrgastschifffahrt
12
Bundeswasserstraße mit Kilometrierung
3
Wasserwanderroute mit Kilometrierung
(außerhalb der Bundeswasserstraßen)
Verbot der Durchfahrt
10
Tiefenlinie
15
Höhenlinie (Abstand 5m)
20
Höhenpunkt
Steinbruch; Halde
Steilküste; Böschung
Kleine Reliefformen (Kuppe; Loch)
Wallanlage; Hügelgrab
Findling
Schutzhütte
Rastplatz; Grillplatz
Steigung
Sonstige Sehenswürdigkeit
Wanderwege
E10
Europäischer Fernwanderweg E10
M
Müritz-Nationalpark Weg
Pilgerweg meckl. Seenplatte
Örtliche Wanderwege
Sonstige Wanderwege
Radfernwege
Berlin-Kopenhagen
Mecklenburgischer Seenradweg
Eiszeitroute
Königin-Luise-Radweg
Tour Brandenburg
Havel-Radweg
Regionale Radrouten
Müritzrundweg
Müritz-Nebelsee
Örtliche Radrouten
Radrouten Historische Stadtkerne -
Route 2
Bett+Bike - Fahrradfreundliche Gastbetriebe*
Hotel/Pension (Auswahl)
Jugendherberge
Campingplatz
Klosterruine
Quelle
Draisine (stillgelegt)
Funkturm; Aussichtsturm
Für Kfz gesperrt
Aussicht; Aussichtsplattform
Information
Ausflugsgaststätte (Auswahl)
Imbiss; Café
Hofladen
Hotel/Pension (Auswahl)
JH
Herberge; Jugendherberge
Feriendorf; Campingplatz
Zeltmöglichkeit/Biwakplatz
Wohnmobilstellplatz
Freilichtbühne; Kulturhaus
Reiterhof
Schloss/Burg
Kirche; Friedhof
Baudenkmal/Gutshaus; Turm
Museum; Denkmal/Gedenkstein
Schleuse; Wehr
Öffentliche Toilette (WC)
Sportplatz
Nationalparkinfo
N
Park; Naturdenkmal
Botanischer Garten
Hervorragender Baum
Einfahrt erlaubt
P
Parkplatz; Tankstelle
FKK
Freibad/Bademöglichkeit; FKK
Hallenbad
Fahrrad-; Bootsvermietung
Wasserski; Segeln/Surfen
Wassermühle; Angeln (Auswahl)
Achtung, Freileitung kreuzt!
Wasserwanderrastplatz
Bootsanlegestelle; Sportboothafen
Anleger für Fahrgastschiffe
Fischereihafen
WSP
Bootstankstelle; Wasserschutzpolizei
Erlaubnis zum Ankern
Ein- und Aussetzstelle für Boote
6
Geschwindigkeitsbegrenzung
4,2
Einschränkung der Durchfahrtshöhe
1,2
Einschränkung der Fahrwassertiefe
Ankerverbot
Seezeichen zur Bezeichnung von Untiefen:
(Kardinalsystem)
Nord
West
Untiefe
Ost
Süd
Fahrwasserzeichen, Schwimmende Seezeichen:
Begrenzung der linken/rechten Seite
Dalben rechte Seite
Leuchttonne Fahrwasserspaltung
Leuchttonne links
Einfahrtzeichen linkes/rechtes Ufer
Bootshaus
Fließrichtung
H
Haltestelle (Auswahl)
Deutsche Alleenstraße
Tour
Abstecher
*(Gastbetriebe, welche die Qualitätskriterien des ADFC erfüllen und
sich somit besonders auf die Bedürfnisse von Rad fahrenden Gästen einstellen)

Der vorliegende Wanderführer stellt fünfundzwanzig Rundtouren in der Mecklenburgisch-Brandenburgischen Kleinseenplatte vor. Die Tourenbeschreibungen sind, wo immer erforderlich, bewusst sehr ausführlich und detailgenau abgefasst: Das vorgestellte Wandergebiet ist riesig. Leider gibt es keine einheitlichen Ausschilderungen oder Wegmarkierungen. Die in den handelsüblichen Wanderkarten enthaltenen Wegmarkierungen sind in der Realität oft nicht mehr vorhanden, verblasst, (sehr) lückenhaft oder verändert. In den Tourenbeschreibungen wird bei Wegen mit mehreren Markierungen in der Regel nur die „zielführende“ genannt. Die am Weg aufgestellten Wegweiser und Hinweisschilder werden (meist ausschnittweise) korrekt zitiert (z. B. *„Wegweisung Neustrelitz“*).
Die zu jeder Tour bereitgestellten Tourenskizzen basieren auf den Wanderkarten aus dem Verlag ***grünes herz***® (Maßstab 1:35.000) beziehungsweise auf der Gewässerkarte „Mecklenburgische Kleinseeplatte“ (M 1:50.000) und der Pocketfahrradkarte „Feldberger Seenlandschaft“ (M 1:75.000).
Neben den Wegbeschreibungen gibt es zu jeder Tour Hintergrundinformationen zu Orten, Sehenswürdigkeiten, Einrichtungen u. a. (grün unterlegt) sowie Tipps zu Wegvarianten und Abstechern (blau unterlegt).
In dem jeder Tourenbeschreibung vorangestellten Informationsblock werden unter den Rubriken „Einkehr“ und „Sehenswertes“ nur die Gastbetriebe und Sehenswürdigkeiten genannt, die direkt am beschriebenen Wanderweg liegen. Die bei einigen Gastbetrieben gegebenen „Empfehlungen“ sind persönliche Einschätzungen des Autors.
Die Rundtouren können auch an anderen als den empfohlenen Startpunkten beginnen.

Schwierigkeitsgrad der Touren:
leicht **mittel** **schwer**

Neustrelitz
Von der ehemaligen Residenzstadt um den Zierker See

Angesichts der vielen Sehenswürdigkeiten der ehemaligen Residenzstadt Neustrelitz, hat es ein Ausflug ins ländliche „Hinterland“ nicht leicht zu bestehen. Die landschaftlich abwechslungsreiche, meist uferferne Umrundung des Zierker Sees lässt jedoch genug Zeit (und Kraft) für einen (anschließenden) Besuch der vom Spätbarock und Klassizismus geprägten Kleinstadt.

Start/Ziel: Neustrelitz, Parkplatz am Stadthafen
An-/Abfahrt mit öffentlichen Verkehrsmitteln: ab/bis Neustrelitz mit den MVVG-Buslinien 600 (aus/in Richtung Neubrandenburg) und 619 (aus/in Richtung Feldberger Seenlandschaft), der „Kleinseenbahn“ RB 16 (aus/in Richtung Wesenberg/Mirow) sowie der Bahnlinie RE 5 (aus/in Richtung Fürstenberg/Havel)
Anforderungen: Mäßig anstrengende Rundwanderung auf gut begehbaren Wald-, Feld-, Rad- und Fahrwegen. Für Familien mit Kindern unter 12 Jahren bedingt geeignet.
Streckenlänge: 12,0 Kilometer
Anstiege/Abstiege: 70 Höhenmeter
Einkehr: außerhalb von Neustrelitz „Landhotel & Restaurant Prälank“ in Prälank-Kalkofen
Karte: Rad-, Wander- & Gewässerkarte „Wesenberg, Neustrelitz“
Sehenswertes: Stadthafen, Wäschespülhaus, Weiße Brücke, Slawendorf in Neustrelitz

Es hatte einen einfachen Grund, dass **Herzog Adolf Friedrich III. von Mecklenburg-Strelitz** (1686–1752) die 1701 in (Alt-)Strelitz gegründete Residenz nach einem verheerenden Schlossbrand an den Zierker See verlegte: Geldmangel verhinderte den Wiederaufbau an gleicher Stelle. Die herzogliche Familie ließ daher das nahe Jagdschloss Glienecke vom Baumeister **Christoph Löwe** (1690–1752) zum Residenzschloss (1726–31) umbauen. Gleichzeitig erging ein Gründungsaufruf für eine neue Stadt. Unter Federführung von Löwe entstand ab 1733 **Neustrelitz** als eine spätbarocke „Planstadt vom Reißbrett“.

Vom herzoglichen **Schloss** ist heute nichts mehr vorhanden – im April 1945 wurde es durch einen Brand stark beschädigt, die Trümmer wurden später abgetragen. Im

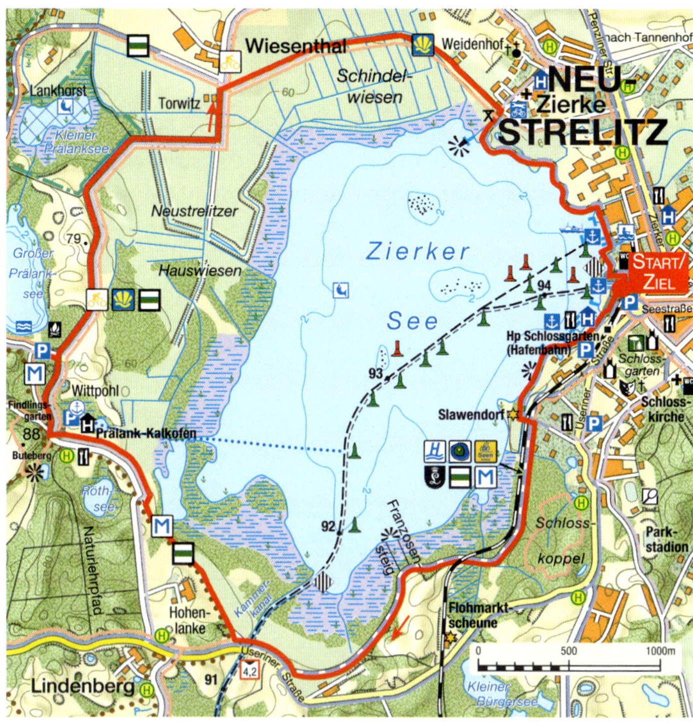

Gegensatz zum Schloss sind die Insignien der ehemaligen Residenz in voller Schönheit erhalten geblieben und im und am **Schlossgarten** zu besichtigen. Der ursprünglich von Löwe 1732 angelegte barocke Park wurde Mitte des 19. Jahrhunderts unter Beibehaltung der barocken Hauptachse und unter Beteiligung von Peter Josef Lenné in einen englischen Landschaftsgarten umgestaltet. Zu den Sehenswürdigkeiten der ehemaligen Residenz gehört die neogotische **Schlosskirche** (1855–59). Die kreuzförmige einschiffige Saalkirche besticht durch ihre zierlichen Türme und aufwändige Blendmaßwerkfassade. Sie gilt als das Meisterwerk des Landesbaumeisters **Friedrich Wilhelm Buttel** (1796–1869), einem Schüler Karl Friedrich Schinkels, der in Neustrelitz im Auftrag des Großherzogs Georg zahlreiche Repräsentativbauten und Wirtschaftsgebäude errichtete. Die Kirche wird heute im Sommer als **Plastikgalerie** und ansonsten als Konzertraum genutzt (*Hertelstraße*). Die bereits 1755 als kleines Rokokogebäude erbaute **Orangerie** wurde 1842–44 in einen klassizistischen Gartensalon umgestaltet (*An der Promenade*). Der dreiflügelige neogotische **Marstall** (1870) (*Friedrich-Ludwig-Jahn-Straße*), der verspielte ionische **Hebe-Tempel** (um 1840) (*Schlosspark*), das im Tudorstil erbaute **Carolinenpalais** (1850) (*An der Promenade/Schlossstraße*) und das **Marienpalais** (1850/1870) (*Hertelstraße*) sind allesamt Buttel-Bauten.

Ein Höhepunkt im wahrsten Sinne des Wortes ist der von Buttel im toskanischen Stil erbaute **Turm** (1831) der zuvor errichteten barocken **Stadtkirche** (1778). Nach mehr als 200 Stufen bietet sich aus 45 Metern Höhe eine großartige Sicht auf die Stadtanlage und die Wälder und Seen der Umgebung. Zu Füßen liegt der quadratische, abschüssige und ein Hektar große **Marktplatz**, von dem sternenförmig acht breite Straßen in alle Himmelsrichtungen führen. Das neben der Kirche dominierende Bauwerk des unter Denkmalschutz stehenden Marktensembles ist das klassizistische **Rathaus** (1840–43) – selbstredend ein Buttel-Bau. Gleiches gilt für den zeitgleich mit dem Kammerkanal entstandenen **Stadthafen** (1840–42) am Zierker See. Die großen Speicher erinnern an die Zeit, als auf dem Wasserweg Kalk, Holz, Baustoffe und Getreide transportiert wurden. Der 2001 sanierte und erweiterte Hafen ist heute fest in der Hand der Freizeitkapitäne, die Speicher werden teilweise touristisch genutzt.

Das **Museum zur Geschichte von Mecklenburg-Strelitz** ist im **Kulturquartier Neustrelitz** integriert. Dieses befindet sich in einem Gebäudekomplex, der aus dem ehemals kaiserlichen Postamt (1899–1901) und der ehemals herzoglichen Münze (1748) sowie einem beide verbindenden modernen Neubau besteht (*Schlossstraße*).

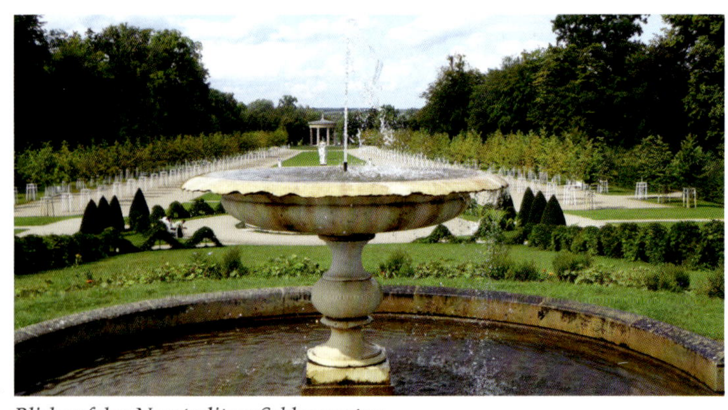

Blick auf den Neustrelitzer Schlossgarten

Vom **Parkplatz am Stadthafen** folgen wir dem Gleis der ehemaligen Hafenbahn auf dem als *Am Stadthafen* ausgewiesenen Promenadenweg nach links. Hinter dem **Restaurant „Zum Fischerhof"** gelangen wir rechtshaltend in eine kleine Parkanlage, passieren das wunderschön am Ufer des **Zierker Sees** gelegene **Restaurant-Café „Bootshaus"** und den **„Neptunclub Neustrelitz"** und kommen zum ehemaligen herzoglichen **Wäschespülhaus** (1821). Der von **Buttel** im Stil der Chinoiserie errichtete achteckige Pavillon beherbergt heute das **„Café im Wäschespülhäuschen"**. Von der **Weißen Brücke**, mit deren Hilfe wir die Zufahrt zu einem kleinen Bootshafen überqueren, bietet sich uns eine sehr schöne (und vorerst letzte) Sicht über den **Zierker See**.

Der **Zierker See** bedeckt eine Fläche von rund 3,5 Quadratkilometern, seine durchschnittliche Tiefe beträgt 1,6 Meter, im nördlichen Bereich auch nur 0,5 Meter. Das war nicht immer so: Mit der Gründung Neustrelitz wurde der Wasserspiegel mehrmals abgesenkt, um Bauland und Landwirtschaftsflächen zu gewinnen. Mit dem nach Plänen von Friedrich Wilhelm Buttel erbauten 5,25 Kilometer langen **Kammerkanal** (1840–43) entstand eine schiffbare Verbindung zur Woblitz, die eine große Bedeutung für den Güterverkehr nach Berlin und Hamburg hatte. Gleichzeitig sank der Wasserspiegel des Zierker Sees um rund vier Meter. Heute ist der Zierker See mit dem Kammerkanal Bestandteil der Bundeswasserstraße Obere Havel-Wasserstraße, die am Neustrelitzer Stadthafen beginnt.

Durch die zahlreichen Eingriffe in den natürlichen Wasserhaushalt bildete sich um den Zierker See ein vielfältiger Naturraum mit einer reichen Tier- und Pflanzenwelt. An dem überwiegend unberührten Seeufer erstrecken sich weiträumige Röhrichte, Niedermoorgebiete und Feuchtwiesen sowie Bruch- und Sumpfwälder. Durch die bis 1970 erfolgten Abwassereinleitungen ist der See sehr nährstoffreich, schlammig und seit Jahren zum Baden ungeeignet.

Am Rand des breiten Schilfgürtels erreichen wir das auf einem ehemaligen slawischen Siedlungsplatz 1997 eröffnete **Slawendorf Neustrelitz**. Auf dem 1,4 Hektar großen Areal, das landseitig von einem aus 1400 Baumstämmen bestehenden Palisadenzaun „blickdicht" begrenzt wird, werden Leben, Arbeiten und Wohnen in einem frühmittelalterlichen Dorf veranschaulicht. Mit

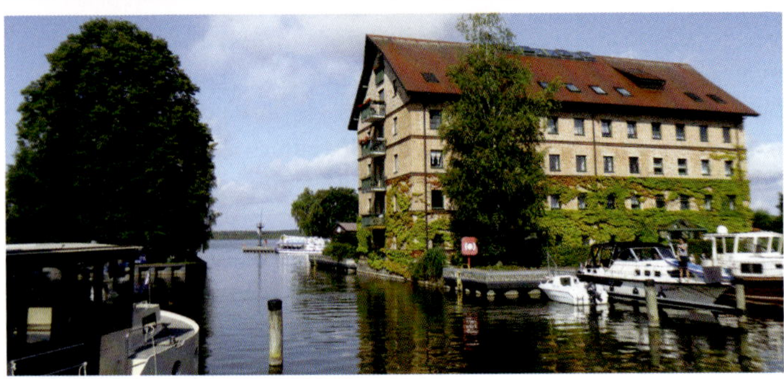

Stadthafen Neustrelitz

einem originalgetreu nachgebauten Slawenboot „Nakon" können Rundfahrten auf dem See unternommen werden. Über das Bahngleis hinweg folgen wir einem geschotterten Fahrweg nach rechts. Nachdem wir eine Kleingartensiedlung hinter uns gelassen haben, gelangen wir auf/in die **Schlosskoppel**. Die ehemalige Viehweide wurde seit 1794 in einen Landschaftspark umgewandelt und direkt mit dem Schlossgarten verbunden. Über 130 Pflanzen- und 40 Vogelarten sind heute in dem teils urwaldartigen Waldgebiet beheimatet. Nachdem wir das Bahngleis ein weiteres Mal überquert haben, verlassen wir das Waldgebiet der **Schlosskoppel** und wandern durch Baum-, Strauch- und Wiesengelände, zuletzt durch eine tunnelförmige (Erlen-)Allee zur Landesstraße *(L 25)*. Dieser folgen wir mit *Wegweisung Rundweg Zierker See* auf dem straßenbegleitenden Fuß- und Radweg nach rechts zum **Kammerkanal**. Nachdem wir diesen überquert haben, zweigen wir bei einem kleinen Rastplatz nach rechts auf einen mit Knick gesäumten anfangs betonierten, später feldsteingepflasterten alten Landweg. Durch Wald- und Wiesengelände erreichen wir eine asphaltierte Straße, auf der wir mit bekannter Wegweisung leicht ansteigend die Straßensiedlung **Prälank-Kalkofen** aufsuchen.

Auf Höhe des **„Landhotel & Restaurants Prälank"** teilt sich die Straße. Hier können Interessierte den in wenigen Minuten erreichbaren **Findlingsgarten auf dem Buteberg** ansteuern. Wir setzen unsere Wanderung rechtshaltend fort. In sanftem Auf und Ab gelangen wir durch Mischwald und hügeliges Wiesengelände zu einer Querstraße. Auf den kurzen Abstecher zum **Großen Prälanksee** sollten wir auf keinen Fall verzichten, bietet der hübsch gelegene See doch das, was sein großer Nachbar schmerzlich vermissen lässt: zwei Badestellen und klares Wasser. Zurück am Abzweig folgen wir mit *Wegweisung Torwitz* der schmalen Asphaltstraße in leichtem Auf und Ab durch sanft hügeliges Wald- und Wiesengelände zu einer Querstraße, auf der wir linkshaltend über einen Graben hinweg die Siedlung **Wiesenthal** ansteuern. Vor dem Ortsschild zweigen wir nach rechts in den *Wiesenthaler Weg*. Auf dem von (Kopf-)Weiden gesäumten Feldweg durchqueren wir die **Schindelwiesen**, ein großflächiges Niedermoorwiesenareal im Verlandungsgebiet des **Zierker Sees.**

Am **Weidenhof** vorbei gelangen wir an den Ortsrand von **Zierke**, einem Ortsteil von **Neustrelitz**. Die weithin sichtbare neogotische **Dorfkirche** (1864/65) ist ein von **Buttel** geschaffenes Bauwerk. An einem Alpaka-Gehege vorbei gelangen wir zu einer Wegkreuzung. Hier folgen wir einem gepflasterten Fuß- und Radweg nach rechts zu einer Aussichtsplattform samt Pavillon am schilfgesäumten Ufer des **Zierker Sees**. Auf einem gekiesten Uferweg setzen wir unsere Rundwanderung fort – „dank" eines meist dichten Baum- und Strauchstreifens entzieht sich der „zum Greifen" nahe See weiterhin unseren Blicken. Mit Erreichen der ersten Hafenanlagen von **Neustrelitz** hat das „Versteckspiel" ein Ende. Auf dem ufernahen Promenadenweg durchqueren wir das Gelände des **„Wassersportvereins Einheit Neustrelitz"**, passieren eine attraktive Neubausiedlung und durchqueren danach die **„Marina Santana Yachting"**. Das Industriedenkmal **Alte Kachelofenfabrik** ist seit 25 Jahren ein interessantes, alternatives Kulturzentrum und verdient mehr als nur einen flüchtigen Blick. An einer Ansammlung „landestypischer" Bootshäuser entlang kommen wir zurück zum ausgedehnten Areal des **Stadthafens**.

Tipp: Stadtbummel

„Ortsfremde" sollten den Tourentag mit einem entspannten Gang zu den vielen, fußläufig erreichbaren Sehenswürdigkeiten der ehemaligen Residenzstadt beschließen – hierfür sind zwei empfehlenswerte, kostenlose Flyer („Stadtrundgang durch die Residenzstadt" und „Rundweg durch den Schlossgarten") bei der **Touristinformation** *(Strelitzer Straße)* erhältlich.

Zinow – Auf einem Walderlebnispfad zum UNESCO-Weltnaturerbe „Alte Buchenwälder Deutschlands“

Die in eine hügelige Endmoränenlandschaft eingebetteten, von Seen, Mooren und Feldern umgebenen Wälder um die Waldsiedlung Serrahn gehören zum gleichnamigen Teilgebiet des Müritz-Nationalparks. Auf dem vom Nationalparkamt angelegten „Wald-Erlebnis-Pfad Serrahn“ ist die langwierige Entwicklung von einem forstwirtschaftlich genutzten Kiefernwald zu einem Buchen(nat)urwald erlebbar. Wo der Wald im Serrahner Waldgebiet seit Jahrzehnten nicht mehr forstwirtschaftlich genutzt wird, ist der naturnahe Wald bereits Realität. Als solcher gehört er seit 2011 zum UNESCO-Weltnaturerbe „Buchenwälder der Karpaten und Alte Buchenwälder Deutschlands“. Der Rundweg durch das Serrahner Waldgebiet bietet ein vielfältiges Landschaftserlebnis, für das wir uns - nicht nur wegen der vielen Informationstafeln am Weg - ausreichend Zeit nehmen sollten.

Start/Ziel: Zinow, Wanderparkplatz UNESCO-Weltnaturerbe
An-/Abfahrt mit öffentlichen Verkehrsmitteln: ab/bis Zinow mit der MVVG-Buslinie 619 (aus/in Richtung Neustrelitz/Feldberger Seenlandschaft)
Anforderungen: Anstrengende Rundwanderung auf gut begehbaren, unterschiedlich breiten Waldwegen, eine längere Radweg-/Straßenpassage, lückenlos markiert (verschiedene Symbole). Für Familien mit Kindern unter 12 Jahren bedingt geeignet.
Streckenlänge: 14,4 Kilometer
Anstiege/Abstiege: 200 Höhenmeter
Einkehr: Landgasthof „Am Schlesersee“ in Carpin, Gartencafé in Serrahn
Karte: Gewässerkarte „Mecklenburgische Kleinseenplatte“
Sehenswertes: „Wald-Erlebnis-Pfad Serrahn“, UNESCO-Welterbe „Serrahner Buchenwälder“

Am **Wanderparkplatz** bietet ein offener **Weltnaturerbe-Pavillon** auf zahlreichen Tafeln umfassende Informationen. „Gut vorbereitet“ gehen wir zurück zum Zufahrtsweg des Parkplatzes und folgen diesem nach rechts in den **Müritz-Nationalpark**. Nach wenigen Metern zweigt vor einer großen Infotafel der **„Wald-Erlebnis-Pfad Serrahn“** nach links ab. Auf einem überwiegend

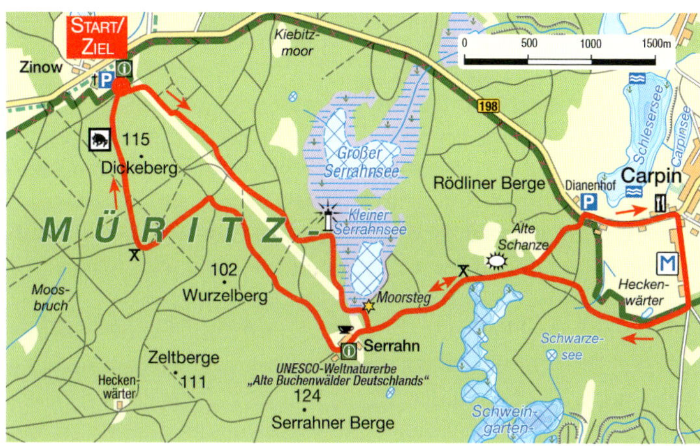

schmalen Weg schlängeln wir uns bergauf, bergab durch die bewaldete Endmoränenlandschaft. Dank einer vorzüglichen Ausschilderung *(grünes Buchenblatt)* ist trotz zahlreicher Abzweigungen und Weggabelungen ein Verlaufen ausgeschlossen. Viele kleine Täfelchen erklären in knappen Sätzen die Besonderheiten am Wegesrand. In einer in einem Totholzstamm „eingerichteten" **Lauschecke** können wir die Geräusche des Waldes besonders intensiv wahrnehmen.

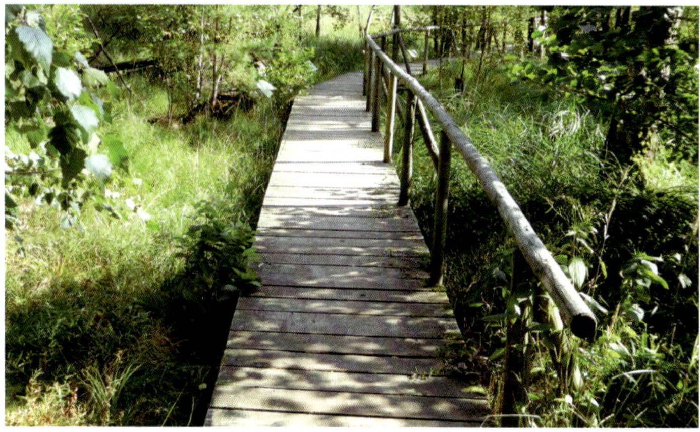

Ein Lehrpfad führt mit Hilfe eines Stegs durchs Moor.

An anderer Stelle laden zwei **Hängematten** zu einer besonderen Waldbetrachtung ein. Von einem am Waldrand aufgestellten

Aussichtsturm bietet sich uns eine weitreichende Sicht auf den verlandenden **Serrahner See** und das ihn umgebende Sumpfgebiet. Hier können wir neben See- und Fischadlern mit etwas Glück auch Kraniche im Schilf entdecken. Am gegenüberliegenden Seeufer liegt ein Fischadlerhorst, die Alttiere sitzen meist in einer abgestorbenen Kiefer und spähen nach Beute. Nach einem ersten Blickkontakt zur **Nationalpark-Information Serrahn** führt der Lehrpfad mit Hilfe eines Steges durch ein intaktes **Moor**.

Der daran anschließende Waldpfad mündet in einen breiten Forstweg, auf dem wir linkshaltend in das eigentliche **UNESCO-Weltnaturerbe „Serrahner Buchenwälder"** gelangen. Wer die Tour hier abkürzen möchte, folgt dem Forstweg nach rechts zur **Nationalpark-Information Serrahn** (Ersparnis 6,5 Kilometer, 90 Höhenmeter). Über einen ausgeprägten Höhenrücken gelangen wir in eine Senke, in der linker Hand ein kleines Kesselmoor liegt. Viel zu schnell erreichen wir die nordöstliche Grenze des **Weltnaturerbes** und kommen nach wenigen Metern zum **Schweingartensee**.

Der 52 Hektar große und gut zwei Kilometer lange **Schweingartensee** ist ein bis zu 31 Meter tiefer Rinnensee. Am Südende des vom Floßgraben durchströmten Sees gab es von 1782 bis 1838 eine Wassermühle. Um eine gleichmäßige Wasserzufuhr zu gewährleisten, wurden die angrenzenden Moore entwässert. Nach dem 1994 erfolgten Verschluss eines Rohrdurchlasses unter dem Goldenbaumer Damm ist der Wasserspiegel um gut einen Meter gestiegen. Seitdem ist der ufernahe Bereich des stark gegliederten Sees von abgestorbenen und teilweise im Wasser versunkenen Bäumen gesäumt, was dem Gewässer ein „wildes" Erscheinungsbild verleiht.

Wir passieren einen am nördlichen Seeufer aussichtsreich gelegenen Rastplatz und tauchen danach in einen weiterhin von Buchen dominierten Mischwald ein. In leichtem Auf und Ab kommen wir zu einer Wegteilung. Mit *Wegweisung Dianenhof* gelangen wir auf dem linken Weg zum kleinen Parkplatz an der Bundestraße *(B 198)*. Mit *Wegweisung Carpin* folgen wir dieser nach rechts aus dem **Müritz-Nationalpark** hinaus. Auf dem stra-

ßenbegleitenden Fuß- und Radweg steigen wir durch hügeliges Acker- und Weideland, in dem linker Hand der baumumsäumte **Schlesersee** eingebettet ist, hinauf nach **Carpin**. Auf Höhe des **Landgasthofs „Am Schlesersee"** zweigen wir nach rechts in die *Goldenbaumer Straße* (Ende der Markierung *grünes Buchenblatt*, Beginn der Markierung *blaues M* des „Müritz-Nationalparkweges"). Am Ende des urkundlich 1393 erstmals erwähnten, kirchlosen Dorfes halten wir uns bei einer Straßenteilung geradeaus. Zurück im **Müritz-Nationalpark** zweigen wir nach 50 Metern mit *Wegweisung Serrahn* nach rechts auf einen breiten Waldweg. In leichtem Auf und Ab gelangen wir links an einem ausgedehnten Weidegebiet vorbei zu dem uns bereits bekannten Forstweg, dem wir mit *Wegweisung Serrahn* nach links folgen. Nachdem wir den **Schweingartensee** passiert haben, dürfen wir uns wieder am **UNESCO-Weltnaturerbe „Serrahner Buchenwälder"** erfreuen. Wo der **„Wald-Erlebnis-Pfad Serrahn"** in den Forstweg einmündet (s. o.) verlassen wir das **Weltnaturerbe** und gelangen geradeaus in die in einer ausgedehnten Lichtung liegende Waldsiedlung **Serrahn**. Im ersten Haus am Weg öffnet im Sommer ein putziges **Gartencafé** ohne feste Preise - man gibt, was einem das Verzehrte wert ist.
Im alten **Forsthaus** (1910/11) ist die **Nationalpark-Information Serrahn** untergebracht, die für die in einem Neubau eingerichtete **Ausstellung „Im Reich der Buchen"** verantwortlich zeichnet. In einer alten Scheune präsentiert der Fotograph **Roman Vitt** die sehenswerte **Ausstellung „Naturfotografien - Flora und Fauna im Müritz Nationalpark"**.

Mit *Wegweisung Zinow* verlassen wir die Siedlung auf einem Forstweg. Linker Hand begleitet uns zunächst noch prächtiger zum **Weltnaturerbe** gehörender Buchenwald, danach prägt Kiefernwald das Landschaftsbild. Nach etwa 800 Metern verlassen wir den Forstweg mit *Wegweisung Neustrelitz* nach links. Auf einem grasigen Waldweg kommen wir in leichtem Auf und Ab zu einem Rastplatz. Auf dem hier nach rechts abzweigenden Waldweg setzen wir unsere Wanderung fort (Ende der Markierung *blaues M*, Beginn der Markierung *schwarzes Wildschwein*) und kehren durch hügeliges Gelände zum **Wanderparkplatz** am **Weltnaturerbe-Pavillon** zurück.

Goldenbaum – Zu den ehemaligen Wassermühlen und ihren „Energielieferanten“

Das im Teilgebiet Serrahn des Müritz-Nationalparks liegende beschauliche Dorf Goldenbaum ist Ausgangspunkt für eine landschaftlich sehr abwechslungsreiche Rundtour. In deren Verlauf besuchen wir drei ehemalige Wassermühlenstandorte, wandern an zwei „Stauseen“ und einem „wild-romantisch“ anmutenden Waldsee entlang und verweilen in einem alten Gutsdorf.
Hinweis: Die vorgeschlagene Tour lässt sich auch in zwei eigenständige, etwa gleich lange Rundtouren aufteilen.

Start/Ziel: Goldenbaum, Parkplatz an der Bushaltestelle
An-/Abfahrt mit öffentlichen Verkehrsmitteln: ab/bis Goldenbaum mit der MVVG-(Schul-)Buslinie 620 (in/aus Richtung Neustrelitz)
Anforderungen: Anstrengende Rundwanderung auf gut begehbaren, unterschiedlich breiten Wald- und Feldwegen, eine kurze Straßenpassage, lückenlos markiert (verschiedene Symbole). Für Familien mit Kindern unter 12 Jahren nicht, bei Aufteilung in zwei eigenständige Rundtouren bedingt geeignet.
Streckenlänge: 16,8 Kilometer (9,6/7,2 Kilometer)
Anstiege/Abstiege: 160 Höhenmeter (90/70 Höhenmeter)
Einkehr: Café „Kudu“ in Goldenbaum
Karte: Pocket Fahrradkarte „Feldberger Seenlandschaft“
Sehenswertes: Steinmühle, Gutshaus und Dorfschmiede in Bergfeld

In dem erstmals 1335 urkundlich erwähnten, von Wiesen und Feldern umgebenen Dorf **Goldenbaum** gibt es nach zwei Großfeuern in den Jahren 1875 und 1880 kaum noch „historische Bausubstanz“. Die alles überragende **Dorfkirche** (1908–12), ein neugotischer Backsteinbau, ersetzt einen etwa 600 Jahre alten Vorgänger.

Ein Blick auf die **Infotafel des Müritz-Nationalparkamtes** und wir folgen vom **Parkplatz** an der **Bushaltestelle** der Dorfstraße *(K 30)* nach rechts in Richtung Kirche. Auf Höhe eines Storchenhorstes verlassen wir die nach rechts abknickende Dorfstraße und gelangen linkshaltend aus dem Dorf hinaus (Beginn

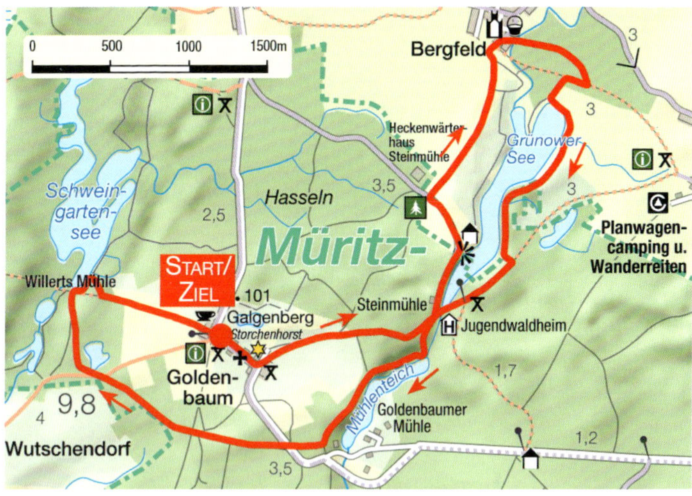

der Markierung *rotes Eichhörnchen*). In leichtem Auf und Ab wandern wir zunächst auf einem knickgesäumten Feldweg durch eine wellige Wiesenlandschaft, ehe wir in einen Mischwald eintauchen. Durch hügeliges, nach rechts steil abfallendes Gelände erreichen wir oberhalb der **Steinmühle** eine Wegverzweigung. Wer die Tour hier abkürzen möchte, folgt der bisherigen Markierung nach rechts. Auf den kurzen, steilen Abstieg zu der am **Grünower See** gelegenen **Steinmühle** sollten wir auch in diesem Fall nicht verzichten (Ersparnis 7,2 Kilometer, 70 Höhenmeter).

Eine (Wasser-)Mühle gibt es in **Steinmühle** schon lange nicht mehr. Bis Anfang des 20. Jahrhunderts wurde in der erstmals 1791 erwähnten Wassermühle Getreide gemahlen und ein Sägegatter betrieben. Nach einem alles vernichtenden Brand wurden die Gebäude 1909 als Försterei wieder aufgebaut. Seit 1996 wird das samt den Resten des Mühlenwehrs unter Denkmalschutz stehende Gebäudeensemble vom Nationalparkamt Müritz als Bildungsstätte („Jugendwaldheim Steinmühle") genutzt. Die Entstehung des **Grünower Sees** ist eng mit der ehemaligen Wassermühle verbunden. Um einen beständigen Wasserfluss für den Mühlenantrieb zu sichern, wurde der Godendorfer Mühlenbach aufgestaut.

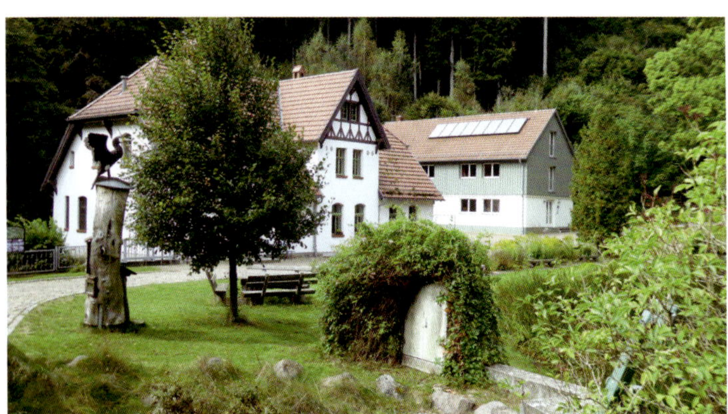

Die ehemalige Steinmühle am Grünower See steht samt den Resten des Mühlenwehrs unter Denkmalschutz.

Den zur (Schau-)Rast einladenden Ort verlassen wir mit *Wegweisung Bergfeld* auf einem schmalen, asphaltierten Fahrweg (Beginn der Markierung *grünes Eichenblatt*). In leichtem Auf und Ab queren wir den steilen, zum **Grünower See** abfallenden bewaldeten Hang, passieren an den **Hasseln** eine komfortable Aussichtshütte und gelangen außerhalb des **Müritz-Nationalparks** durch Wiesengelände zum **Heckenwärterhaus Steinmühle**.

Im Jahr 1848 ließ Großherzog Georg von Mecklenburg-Strelitz einen 2150 Hektar großen Forst als herzogliches Jagdgebiet einfrieden. Der etwa 30 Kilometer lange Zaun wurde an größeren Waldwegen unterbrochen und durch Gattertore („Hecken") passierbar gemacht, die von dort angesiedelten Heckenwärtern „gesichert" wurden. Das Heckenwärterhaus Steinmühle wurde 1849 nach einem Entwurf von Buttel (→ S. 7) errichtet.

Vor dem Gebäude zweigen wir mit *Wegweisung Bergfeld* nach rechts auf einen Feldweg. Rechter Hand Weideland, linker Hand eine riesige Ackerfläche so kommen wir - nomen est omen - leicht ansteigend nach **Bergfeld**.

Der urkundlich 1322 erstmals erwähnte, landwirtschaftlich geprägte Ort **Bergfeld** gehört zu den ältesten Dörfern Mecklenburg-Vorpommerns. Das um 1850 erbaute, aufwändig sanierte **Herrenhaus** und der achteckige **Hühnerstall** sind die Hingucker des in der Mitte des Dorfes gelegenen Gutshofes, zu dem auch ein besuchenswerter Hofladen gehört *(Am Hof)*. Die **Dorfschmiede**, ein um 1800 aus Feldsteinen errichteter Bau, war bis 1969 in Betrieb. Heute beherbergt sie eine **Heimatstube** *(Zur Schmiede)*.

Vor der **Dorfschmiede** verlassen wir die gepflasterte Dorfstraße mit *Wegweisung Grünow* nach rechts. Mit Hilfe einer alten Steinbrücke überqueren wir einen Bachlauf, begleiten diesen auf einer kurzen Strecke und gelangen schließlich in einen Mischwald. Bei einer Wegteilung halten wir uns rechts und gelangen nach etwa 500 Metern zu einem leicht übersehbaren Abzweig: Hier geht es „scharf rechts“ durch Kiefernwald zu einer Wegteilung. Linkshaltend kommen wir durch Wiesengelände an den **Grünower See**. An dessen östlichem Ufer folgen wir zunächst einem schmalen, teils überwachsenen, teils von dichtem Strauchwerk „bedrängten“ Pfad, dann queren wir auf einem gut begehbaren schmalen Weg in leichtem Auf und Ab den bewaldeten Uferhang. Wir erreichen eine kleine grasige Ebene am Seeufer, von der aus wir die **Steinmühle** sehen können. Hier zweigt nach links ein Pfad durch den steilen Uferhang ab. Die entsprechende Markierung befindet sich an der gut 20 Meter entfernten Hangkante (Stand 9/2021)! „Oben“ angekommen teilt sich der Weg. Rechtshaltend gelangen wir leicht ansteigend durch Mischwald zu einem gekiesten (Rad-) Weg, dem wir nach rechts folgen. Zurück im **Müritz-Nationalpark** führt uns der breite Weg hinab nach **Steinmühle** (Ende der Markierung *grünes Eichenblatt*). An den aufwändig gestalteten Freizeitanlagen entlang, über den Abfluss des **Grünower Sees** hinweg und rechts am **„Jugendwaldheim“** vorbei verlassen wir **Steinmühle** vor dem Parkplatz nach links.

Kräftig bergan erreichen wir die bereits bekannte Wegverzweigung, um dort linkshaltend die mühsam erklommenen Höhenmeter umgehend wieder zu „vernichten“ (Beginn/Fortsetzung der Markierung *rotes Eichhörnchen*). Einen bewaldeten Hang zur Rechten, eine vom **Godendorfer Mühlenbach** durchflossene Niederung zur Linken kommen wir an den schilfumsäumten **Mühlenteich**. Wie der benachbarte **Grünower See** ist der in einem talförmigen Gelände liegende See durch die Aufstauung des

Godendorfer Mühlenbachs entstanden. Zahlreiche umgestürzte Bäume säumen den Uferweg. Einige sind mit einer Tafel versehen, auf denen angegeben ist, wann sie umgestürzt sind, womit der Zusammenhang von Zeitdauer und Fortschritt des Zersetzungsprozesses des Holzes nachvollziehbar ist. Mit Blick auf die kleine Siedlung **Goldenbaumer Mühle** – die ehemalige Wassermühle ist heute eine Ruine – trennen wir uns vom **Mühlenteich**, halten uns rechts und gelangen hinauf zu einer beiderseits von Laubwald gesäumten Stromtrasse. An deren linken Rand folgen wir einem Wiesenpfad bis zu einem nach links abzweigenden Waldweg, auf dem wir sanft abwärts auf eine Asphaltstraße *(K 30)* stoßen. Geradeaus über diese hinweg setzen wir unsere Waldwanderung fort und erreichen nach etwa einem Kilometer eine Kreuzung. Auch hier halten wir uns geradeaus (Ende der Markierung *rotes Eichhörnchen*, Beginn der Markierung *oranges Reh*) und stoßen nach einem weiteren Kilometer auf einen Betonspurweg, dem wir geradeaus folgen. Linker Hand erstreckt sich ein ausgedehntes Weidegebiet, rechter Hand liegt ein größeres Moor samt kleinem See. Hinter diesem folgen wir der *Wegweisung Willerts-Mühle* nach rechts. Zunächst durch lichten Kiefernwald, danach durch dichten Buchenwald erreichen wir den ehemaligen Standort von **Willerts-Mühle** am **Schweingartensee** (→ S. 14).

Rechtshaltend setzen wir unsere Wanderung auf einem breiten Forstweg fort. Dank Info-Tafel erweist sich dieser als die kopfsteingepflasterte **Goldenbaumer Landstraße**. Jener historische Postweg zwischen **Neustrelitz** und **Feldberg** ist bereits in einer Karte von 1782 eingezeichnet. Nach wenigen Metern verlassen wir den geschichtsträchtigen Weg. Der *Wegweisung Löschwasserentnahmestelle* folgend gelangen wir in einer kleinen Schleife an das östliche Ufer des **Schweingartensees**. Dem weltabgeschiedenen Platz angemessen bieten umgestürzte Bäume einige Sitzgelegenheiten. An zwei kleinen Tümpeln vorbei kommen wir zurück zur **Goldenbaumer Landstraße**, der wir nach links folgen. Mehr Feldweg als Landstraße wandern wir durch Acker- und Weideland zurück nach **Goldenbaum**. Über eine Kreuzung geradeaus hinweg und rechts am **Café „Kudu“** vorbei erreichen wir auf der Dorfstraße *(K 30)* nach wenigen Metern den **Parkplatz** an der **Bushaltestelle**.

Wesenberg – Landpartie im Schatten einer schmucken Ackerbürgerstadt

Ausgangs- und Endpunkt des Rundweges ist die am Rand des Müritz-Nationalparks gelegene beschauliche Kleinstadt Wesenberg, die nicht nur mit ihrer Lage, sondern auch mit einer sehenswerten Altstadt punktet. Auf der abwechslungsreichen Wanderung besuchen wir drei kleine Waldseen, streifen durch ausgedehnte Kiefern- und Mischwälder, durchqueren ertragreiche Felder und begleiten einen der großen Seen der Kleinseenplatte, der sich vor allzu neugierigen Blicken zu schützen weiß…

Start/Ziel: Wesenberg, Parkplatz an der Neustrelitzer Chaussee/ Breesebrink
An-/Abfahrt mit öffentlichen Verkehrsmitteln: ab/bis Wesenberg an Schultagen mit der MVVG-Buslinie 650 (aus/in Richtung Mirow/Neustrelitz), von Juni bis Oktober drei Mal täglich Süd- und Nordroute des „Kleinseenbus" (in/aus Richtung Mirow) sowie mit der „Kleinseenbahn" RB 16 (aus/in Richtung Mirow/Neustrelitz)
Anforderungen: Mäßig anstrengende Rundwanderung auf gut begehbaren Wald-, Feld-, Rad- und Fahrwegen. Für Familien mit Kindern unter 12 Jahren bedingt geeignet.
Streckenlänge: 12,5 Kilometer
Anstiege/Abstiege: 90 Höhenmeter
Einkehr: außerhalb von Wesenberg „Strandrestaurant Weißer See", Gaststätte „Labussee" in Klein Quassow
Karte: Rad-, Wander- & Gewässerkarte „Wesenberg, Neustrelitz"
Sehenswertes: Burg, Heimatstube, Marktplatz, St.-Marien-Kirche, Museum für Blechspielzeug und mechanische Musikinstrumente und Skulpturenpark in Wesenberg

Im Schutz einer am Ufer des Woblitzsees gelegenen Burg entstand Ende des 13. Jahrhunderts die Ackerbürgerstadt **Wesenberg.** Von der **Burg** sind nur noch die Reste der Burgmauer und der Fangelturm erhalten, von dessen Aussichtsplattform sich eine reizvolle Sicht auf die Stadt und die Umgebung bietet. In dem sanierten Burgumfeld befindet sich die **Heimatstube**, die schwerpunktmäßig über Forst- und Fischereiwirtschaft informiert *(Burg)*. Im Zentrum der

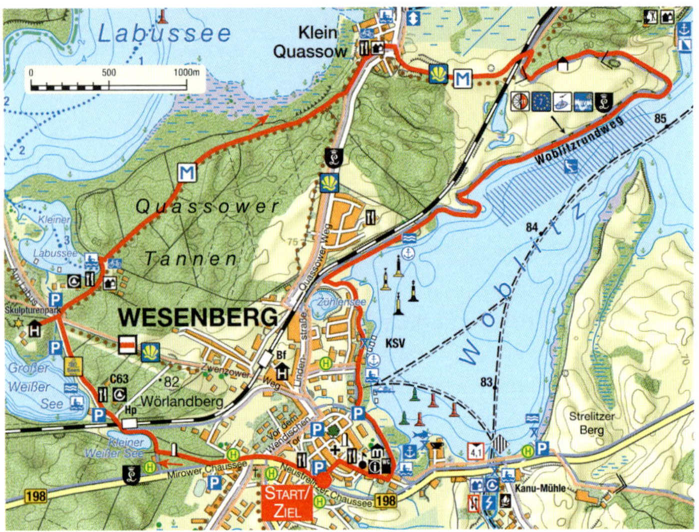

weitgehend sanierten Altstadt liegt der von hübschen Fachwerkhäusern und klassizistischen Bürgerhäusern umgebene **Marktplatz**. Auf ihm steht seit 1871 eine Kastanie, um die acht Linden gruppiert sind. Nach einer Überlieferung sollen sie den Bürgermeister und seine Ratsherren symbolisieren. Im Inneren der auf einer kleinen Anhöhe thronenden gotischen Backsteinkirche **St. Marien** (14. Jh.) befindet sich eine Röder-Orgel (1717), die in regelmäßigen Konzerten erklingt. Gut 600 Jahre alt ist die vor dem Kircheneingang stehende Sommerlinde, die einen Stammumfang von acht Metern aufweist *(Hohe Straße)*. Erheblich zierlicher sind die Exponate, die in dem in der **„Villa Pusteblume"** eingerichteten privaten **Museum für Blechspielzeug und mechanische Musikinstrumente** zu besichtigen sind *(Burgweg)*.

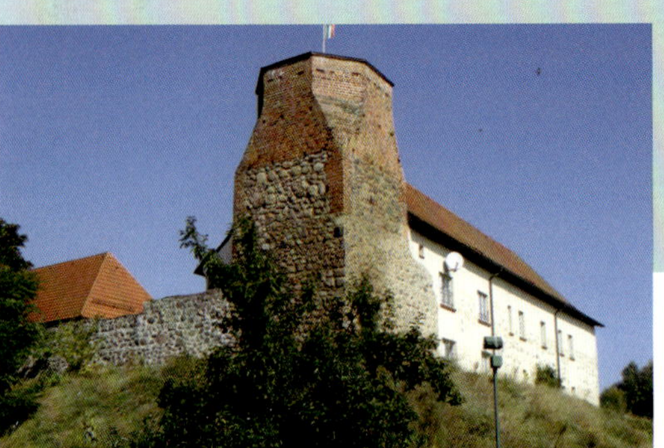

Burg Wesenberg mit Fangelturm

Vom **Parkplatz an der Neustrelitzer Chaussee/Breesebrink** folgen wir der hier nicht ausgewiesenen *Neustrelitzer Chaussee (B 198)* nach rechts, überqueren mit Ampelhilfe die *Wustrower Chaussee* und setzen auf der hier ebenfalls nicht ausgewiesenen *Mirower Chaussee (B 198)* unsere Wanderung geradeaus fort. Hinter dem **Supermarkt** zweigen wir nach rechts auf einen Waldweg, überqueren die hier nicht ausgewiesene *Tiergartenstraße* und gelangen geradeaus in das Waldgebiet der **Wesenberger Bürgerheide**. An einem überdachten Rastplatz vorbei stoßen wir vor dem **Kleinen Weißen See** auf einen gepflasterten Fahrweg, dem wir nach rechts am nördlichen Ufer des Rinnensees entlang bis zu einem Bahndamm folgen. Diesen überqueren wir unweit des **Haltepunkts Weißer See** der **„Kleinseenbahn"**, halten uns bei der nachfolgenden Wegteilung mit *Wegweisung Useriner Mühle* nach links und erreichen nach wenigen Metern das bereits 1893 eröffnete **Strandbad** am **Großen Weißen See**. Die Umkleidegebäude des großen und gut ausgestatteten Naturfreibades stammen aus der „Gründerzeit". Links am einladenden **„Strandrestaurant Weißer See"** vorbei begleiten wir den etwa 27 Hektar großen und maximal 12 Meter tiefen Rinnensee auf einem geschotterten, überwiegend von Linden gesäumten Fahrweg bis zu einem kleinen Parkplatz.

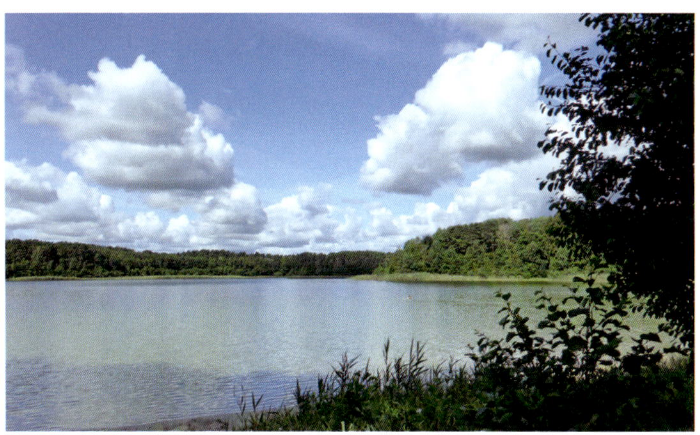

Badeparadies Großer Weißer See

An diesem rechts vorbei kommen wir auf einem gepflasterten Fahrweg zu einer Kreuzung.

Abstecher: Skulpturenpark

Der auf Initiative der Berliner „Peter-Wilmot-Thompson-Stiftung“ 2016 eröffnete **Skulpturenpark Wesenberg** präsentiert auf einem beschilderten Rundgang durch den am Nordufer des Großen Weißen Sees gelegenen Waldpark 25 großformatige Skulpturen von internationalen Künstlern. In einem Galeriegebäude werden in jährlich wechselnden Ausstellungen Skulpturen, Gemälde und Druckgrafiken australischer und europäischer Künstler gezeigt. Darüber hinaus finden in den Sommermonaten vielfältige Konzerte statt. Wer im Skulpturenpark übernachten möchte, findet in der **„Bed & Breakfest Park Residenz Bei Wu“** eine stylisch-noble Unterkunft.

Über die Kreuzung geradeaus hinweg folgen wir der Straße *Am Labus* (Beginn der Markierung *blaues M* des „Müritz-Nationalparkweges“) durch Kiefernwald zum **„Familienpark am Kleinen Labussee“**. Der etwa 15 Hektar große, waldgesäumte See ist ein durch einen kurzen Graben verbundenes „Anhängsel“ des **Großen Labussee**, der eine Fläche von 330 Hektar bedeckt.

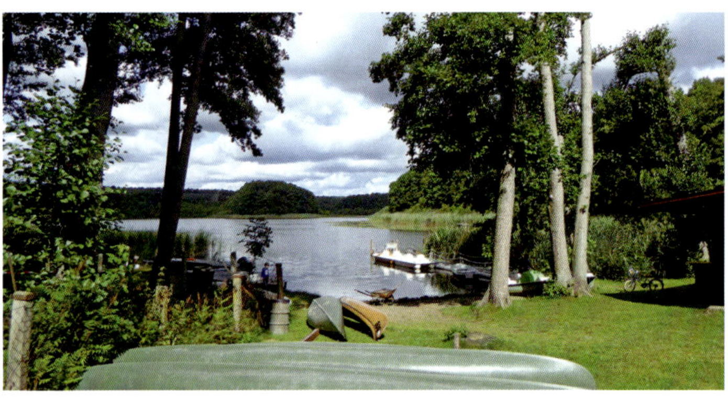

Bootsverleih am Kleinen Labussee

Linkshaltend durchqueren wir das reizvoll gelegene Campinggelände und gelangen in die **Quassower Tannen**, die sich gebietsweise auch als Misch- oder reiner Buchenwald präsentieren. In leichtem Auf und Ab erreichen wir mit sporadischen Blickkontakten zu dem sich linker Hand „versteckenden“ **Großen Labussee** eine Kreisstraße *(K 6)*, auf der wir linkshaltend nach **2** kommen. Vor der **Gaststätte „Labussee"** verlassen wir die Dorfstraße mit *Wegweisung Havelberge* nach rechts. Nachdem wir den rechter Hand begleitenden Wald hinter uns gelassen haben, führt der Feldweg durch ausgedehnte Ackerflächen. Über das Gleis der **„Kleinseenbahn"** hinweg folgen wir dem gepflasterten Fuß- und Radweg nach rechts (Ende der Markierung *blaues M*). Rechts am Waldrand entlang steigt der Weg hinauf zu einem überdachten Rastplatz, wo sich uns eine schöne Sicht über die Felder hinweg auf den **Woblitzsee** bietet.

Der **Woblitzsee** gehört mit einer Fläche von 5,2 Quadratkilometern zu den großen Gewässern der Kleinseenplatte. Der aus zwei etwa gleich großen Seebecken bestehende See ist mit einer mittleren Tiefe von 1,6 Metern und einer maximalen Tiefe von etwa sieben Metern relativ flach. Der von der Havel durchflossene See ist Bestandteil der 97 Kilometer langen Bundeswasserstraße Obere Havel-Wasserstraße. Am nördlichen Seeufer ist ein Wasserskigebiet ausgewiesen.

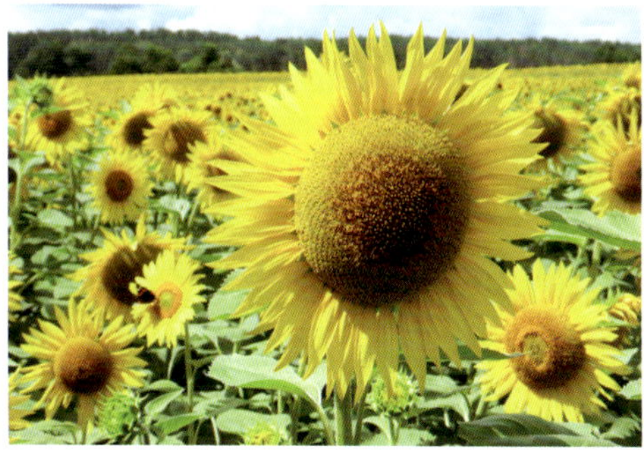

Blütenmeer am Woblitzsee

Hinab an das Seeufer begleitet uns auf dem weiterhin gepflasterten Fuß- und Radweg hügeliges Ackerland zur Rechten, linker Hand gewährt ein (im Sommer) meist blickdichter Baum- und Strauchstreifen nur gelegentlich Blicke auf den See. Nachdem wir eine kleine Landzunge umwandert haben, begleitet uns rechter Hand das Gleis der **„Kleinseenbahn"**. „Vollkommen überraschend" bietet sich uns am **„Naturhafen Wesenberg"** ein realer Seekontakt, zum Verweilen am Seeufer sind Bänke aufgestellt.

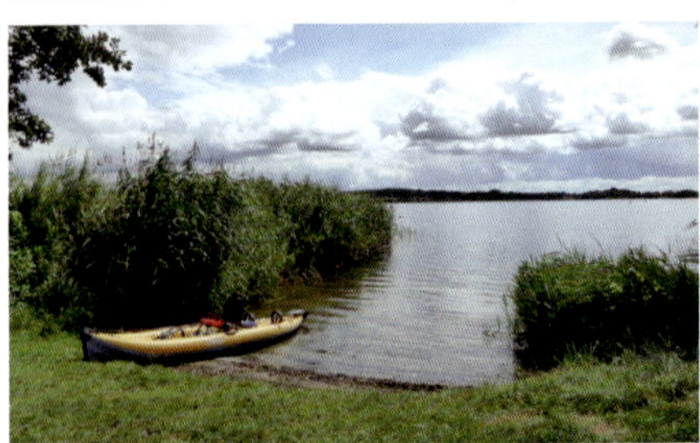

„Naturhafen Wesenberg"

Links neben dem Bahngleis setzen wir unsere Wanderung weiterhin ohne nennenswerten Seekontakt fort und gelangen an den Ortsrand von **Wesenberg**.

Auf Höhe des kleinen **Zühlensees** stoßen wir auf die hier nicht ausgewiesene Straße *In den Wählen*. Dieser folgen wir nach links in ein Einfamilienhaus-Neubaugebiet. Auf Höhe des Hauses Nr. 62 zweigen wir nach links auf einen gekiesten Weg. Zum See hin begleitet uns eine Schilf- und Strauchregion, ortseitig reihen sich meist ältere Einfamilienhäuser. Wir passieren einen kleinen Campingplatz, überqueren die Zufahrt zu selbigem und folgen mit *Wegweisung Woblitzrundweg* einer alten Allee. Den kurzen Abstecher durch den sich linker Hand ausbreitenden Erlenbruchwald zur **Dampferanlegestelle** sollten wir uns nicht entgehen lassen, bietet sich doch von ihr eine ungehinderte, weitreichende Sicht über den **Woblitzsee**. Zurück in der Allee erreichen wir einen (Park-)Platz an der **„Pflegeeinrichtung Woblitzpark"**. Dort linkshaltend folgen wir dem *Jungfernstieg*, passieren die **„Villa Pusteblume"** samt einladendem Gartencafé und gelangen zu der unterhalb der **Burg** gelegenen Parkanlage. Am beliebten **Biergarten „Am Hafen"** vorbei kommen wir zu dem bevorzugt von Wasserwanderern angelaufenen kleinen **Stadthafen**. Hier verlassen wir die Parkanlage durch einen namenlosen Gang nach rechts und münden in die hier nicht ausgewiesene Straße *Vor dem Mühlentor*. Dieser folgen wir nach rechts an der **Burg** vorbei, gelangen an deren Ende geradeaus in die hier nicht ausgewiesene *Hohe Straße*, passieren den **Marktplatz** und die **St.-Marien-Kirche** und zweigen hinter der **Bäckerei-Café „Reinhold"** nach links in den hier nicht ausgewiesenen *Kohschietgang*. An dessen Ende erreichen wir die Straße *Breesebrink*, auf der wir linkshaltend nach wenigen Metern zum **Parkplatz an der Neustrelitzer Chaussee/Breesebrink** gelangen.

Canow – Rund um die Canower Heide

Die abwechslungsreiche Rundtour durch und um die von Touristen wenig aufgesuchte Canower Heide berührt nicht weniger als acht kleine und große Seen, startet und endet in dem wegen seiner Lage beliebten Erholungsort Canow, verweilt in dem typisch mecklenburgischen Straßendorf Wustrow und besucht mit Seewalde einen von sozialer Arbeit geprägten Ort.

Start/Ziel: Canow, Parkplatz Canower Allee/Am Canower See
An-/Abfahrt mit öffentlichen Verkehrsmitteln: ab/bis Canow von Juni bis Oktober drei Mal täglich Südroute des „Kleinseenbus" (in/aus Richtung Wesenberg/Mirow) sowie mit der MVVG-(Schul-)Buslinie 649 (in/aus Richtung Wesenberg/Neustrelitz)
Anforderungen: Anstrengende Rundwanderung auf gut begehbaren Wald-, Ufer- und Feldwegen, zwei längere Straßenpassagen. Für Familien mit Kindern unter 12 Jahren nicht geeignet.
Streckenlänge: 18,0 Kilometer
Anstiege/Abstiege: 150 Höhenmeter
Einkehr: außerhalb von Canow Dorfladen in Wustrow, Bistro/Café im Gutshof Seewalde
Karte: Rad-, Wander- & Gewässerkarte „Wesenberg, Neustrelitz"
Sehenswertes: Schleuse in Canow, Kirche in Wustrow, Gutshof in Seewalde

Auf einer Landbrücke zwischen dem Labussee (→ S. 38) und dem Canower See liegt das 1317 erstmals urkundlich erwähnte Dorf **Canow**. Von einer frühmittelalterlichen Burg, von einem Mitte des 18. Jahrhunderts errichteten Sommersitz der Strelitzer Herzöge und von einer bereits 1359 erwähnten Wassermühle ist heute nichts mehr zu sehen. Einzig die im Zuge der Müritz-Havel-Wasserstraße Mitte der 1830er-Jahre zusammen mit dem Verbindungskanal zwischen den beiden Seen errichtete **Schleuse** setzt einen besonderen Akzent *(Canower Allee/B 122)*. Dank seiner reizvollen Lage ist der Ort heute ein beliebter Erholungsort.

Vom **Parkplatz Canower Straße/Am Canower See** folgen wir der *Straße Am Canower See*. Linker Hand begleitet uns eine sanft

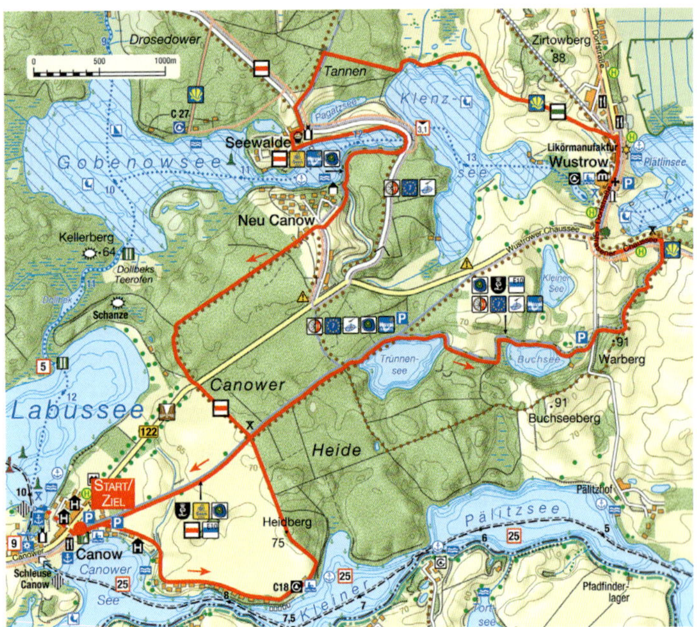

hügelige Felderlandschaft, rechter Hand eine Ansammlung alter, fast „historischer" und neuer Ferienhäuser. Ihnen allen gemeinsam ist ihre reizvolle Lage am **Canower See** und am **Kleinen Pälitzsee**. Aufgrund der dichten Bebauung sind uns nur gelegentliche Blicke auf die beiden Seen vergönnt. Vor dem **„Campingplatz Canower See/Pälitzsee"** zweigt nach links ein Feldweg ab. Auf diesem gelangen wir an den westlichen Rand der **Canower Heide**. Den Kiefernwald zur Rechten, die riesige Ackerfläche zur Linken setzen wir unsere Wanderung linkshaltend auf dem Feldweg fort. Wir überqueren den kaum als solchen wahrnehmbaren **Heidberg** und erreichen in leichtem Auf und Ab eine Wegkreuzung. Vor dem überdachten Rastplatz folgen wir der *Wegweisung Wustrow* nach rechts in die **Canower Heide**. Auf einem weitgehend ebenen Weg gelangen wir durch anfänglich Kiefern-, später Mischwald zu einer Kreuzung. Über diese geradeaus hinweg kommen wir nach wenigen Metern zum **Trünnensee**.

Wir setzen unsere Wanderung auf einem breiten Forstweg am bewachsenen Nordufer des zu- und abflusslosen Waldsees fort, folgen bei einer Wegteilung der *Wegweisung Wustrow* geradeaus zu einer weiteren Wegteilung, wo wir uns rechts halten. Nach einer schönen Uferpassage trennt sich der Weg vom See. Auf einem (unerwartet komfortablen) Kiesweg umrunden wir eine waldgesäumte Ackerfläche und erreichen nach wenigen Metern den **Buchsee**. Der ebene Weg führt uns am bewachsenen Nordufer des gleich seinem Nachbarn zu- und abflusslosen Waldsees und an einem kleinen Erlenbruchwald entlang zu einem Parkplatz. Über den asphaltierten Fahrweg geradeaus hinweg folgen wir einem schmalen, spürbar ansteigenden Waldweg. Unweit der bewaldeten Kuppe des **Warbergs** stoßen wir auf ein Feld, an dessen Rand wir linkshaltend unsere Wanderung fortsetzen. Der nur auf den ersten Metern abfallende, von schmalen (Kiefern-) Waldstreifen gesäumte Weg führt uns durch eine hügelige Felderlandschaft zur Kreisstraße *(K 12)*, der wir nach links folgen. Nachdem wir einige Ferienhäuser passiert haben, zeigt sich rechter Hand der in weiten Teilen unter Naturschutz stehende **Plätlinsee**. Der Abstecher zu dem nur wenige Meter entfernten Rastplatz an der kleinen Badestelle ist durchaus erwägenswert.

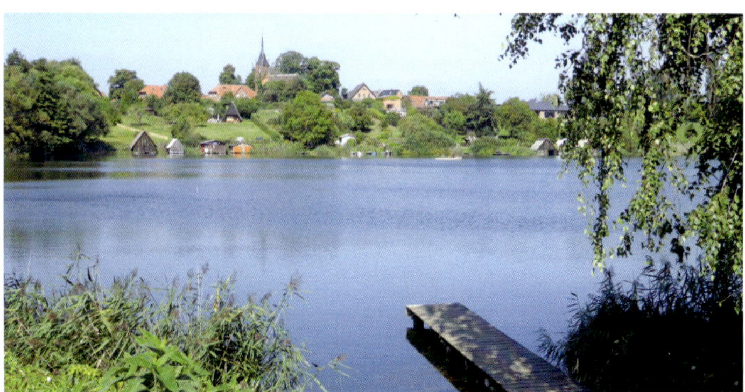

Blick über den Plätlinsee auf Wustrow

Mit einer Fläche von knapp 2,5 Quadratkilometern gehört der **Plätlinsee** zu den größeren Gewässern in der Kleinseenplatte. Der nördliche Teil des langgestreckten Sees einschließlich der in ihm liegenden Insel Hühnenwerder sowie angrenzende vermoorte Grünlandbereiche gehören zum 304 Hektar großen **Naturschutzgebiet Nordufer Plätlinsee**. Der See darf nur von Booten ohne Verbrennungsmotor befahren werden.

Nachdem wir eine weitere Siedlung passiert haben, mündet die Kreisstraße in die Bundesstraße *(B 122)*, der wir auf dem straßenbegleitenden Radweg nach rechts nach **Wustrow** folgen.

Der Name des urkundlich 1349 erstmals erwähnten Dorfes **Wustrow** kommt aus dem Slawischen und bedeutet „umflossener Ort", womit die wunderschöne, leicht erhöhte Lage zwischen Klenz- und Plätlinsee treffend beschrieben wird. Im Zentrum des Straßendorfes steht die neogotische **Backsteinkirche** (1897) *(Dorfstraße)*. In der ehemaligen Schule sind die **Heimatstube** und die **Helmut Sakowski Lesestube**, die an das Schaffen und Wirken des Schriftstellers (1924–2005) erinnert, untergebracht *(Schulstraße)*.

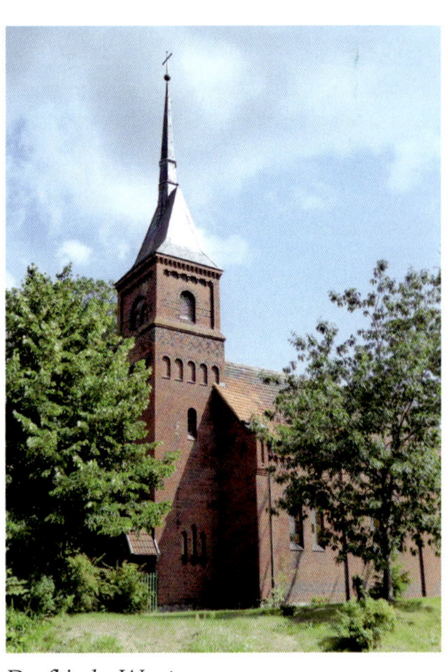

Dorfkirche Wustrow

Auf der *Dorfstraße* passieren wir vor der Kirche eine Einrichtung, die gegenwärtig in Dörfern vergleichbarer Größe nur selten anzutreffen ist: einen kleinen **Dorfladen**, hier „mit Ausschank". Vor der Bushaltestelle folgen wir der *Wegweisung Wesenberg* nach links in die mit Feldsteinen gepflasterte *Schulstraße* – auf den nach rechts abzweigenden Abstecher zur **Badestelle Wustrow** sollten wir allein schon wegen der schönen Aussicht über den **Plätlinsee** nicht verzichten. Auf Höhe des **Feuerwehrgebäudes** zweigt nach links ein anfänglich mit Feldsteinen gepflasterter Fahrweg ab (Beginn der spärlichen Markierung *gelbe Muschel auf blauem Grund* des „Pilgerweges Mecklenburgische Seenplatte"), der nach wenigen Metern in einen Feldweg mündet. Auf diesem wandern wir durch eine hügelige Felder- und Wiesenlandschaft, halten uns bei einer Wegverzweigung links, passieren ein linker Hand liegendes Waldgebiet und nähern uns in offenem Gelände dem schilfumsäumten **Klenzsee**. Durch einen ufernahen Hohlweg erreichen wir eine kleine Brücke, die den durch ein Feuchtgebiet führenden Verbindungsgraben zwischen **Klenz-** und dem abseits gelegenen **Heegesee** überqueren hilft. In dem nahen Kiefernwald stoßen wir auf einen Querweg, dem wir nach links folgen. Nach wenigen Metern wendet sich der Weg nach rechts. Leicht ansteigend kommen wir durch Mischwald zu einer Kreuzung. Linkshaltend folgen wir dem Forstweg durch Buchenwald und offenes Gelände zu einem asphaltierten Fahrweg, auf dem wir mit *Wegweisung Canow* nach links nach **Seewalde** gelangen (Ende der Markierung *gelbe Muschel auf blauem Grund).*

Seewalde ist im 19. Jahrhundert aus einer zu Drosedow gehörenden Ziegelei mit angeschlossener Landwirtschaft hervorgegangen. Seit 1904 Erbpachtstelle gab es häufige Besitzerwechsel. In dieser Zeit entstand das großzügige „Herrenhaus" wohl als Wochenenddomizil. Im Jahr 1941 erwarb das 1924 in Jena gegründete „Heil- und Erziehungsinstitut für Seelenpflege – bedürftige Kinder Lauenstein e.V." das Gelände und betrieb hier bis zu seiner 1949 erfolgten Enteignung und Schließung eine heil- und erziehungspädagogische Einrichtung mit anthroposophischer Ausrichtung. Bis 1989 wurde Seewalde unter anderem als Psychiatrische Klinik, Internatsschule und Kindergärtnerinnenschule genutzt. Im Jahr 1995 wurde das Gelände an „Lauenstein e.V." rückübertragen. Seitdem ist Seewalde wieder ein Ort heilpädagogischer Arbeit – nunmehr konzeptionell mit dem Ziel einer Dorfgemeinschaft für erwachsene Menschen mit Behinderungen. Heute leben und arbeiten in Seewalde etwa 100 Menschen, davon 35 Menschen mit Hilfebedarf in vier Hausgemeinschaften. Es gibt handwerkliche Werkstätten, einen Waldorfkindergarten, eine im Aufbau befindliche Waldorfschule, ein Laden-Café im Gutshof sowie einen bio-dynamisch wirtschaftenden Landwirtschaftsbetrieb, den „Erdhof", in dem vor allem alte, bedrohte Nutztierrassen gehalten werden. Wer die gelebte Anthroposophie im „lebendigen Ort zwischen Wasser und Wald" hautnah erleben möchte, kann in neun direkt am Gobenowsee gelegenen Bungalows einen erholsamen Urlaub verbringen.

Auf Höhe des Parkplatzes am kleinen **Pagatzsee** zweigen wir nach rechts in die als Spielstraße ausgewiesene Dorfstraße. Nach wenigen Metern steuern wir das ehemalige Gutshaus an, durchqueren dessen Hof (Laden mit Café) und gelangen danach linkshaltend in den kleinen Park am **Gobenowsee**.

Der etwa 3,5 Kilometer lange, zwischen 250 und 1200 Meter breite **Gobenowsee** bedeckt eine Fläche von knapp 1,4 Quadratkilometern. Der buchtenreiche, fast vollständig von Wald und Schilf gesäumte See wird vom Klenzsee und über die Drosedower Bek vom Rätzsee gespeist, er entwässert über die Dollbek in den Labussee.

Rechts an der großen Terrasse des Gutshauses entlang stoßen wir auf einen Pfad. Zwischen der langgestreckten Ostbucht des **Gobenowsees** zur Rechten und dem durch einen Zaun gesicherten (Streuobst-)Wiesenhang zur Linken schlängelt sich der schmale Uferpfad in leichtem Auf und Ab bis zur Straßenbrücke über die kurze, kanalartige Verbindung von **Klenz-** und **Gobenowsee**. Nach wenigen Metern verlassen wir die Straße mit *Wegweisung Mirow* nach rechts. Auf einem breiten Weg am Ufer des **Gobenowsees** gelangen wir durch schönen Buchenwald in leichtem Auf und Ab zu einer Badestelle samt überdachtem Sitzplatz. Dort halten wir uns links und steigen auf einem in einen alten Betonplattenweg übergehenden Waldweg hinauf in die Feriensiedlung **Neu Canow**. Am Ende des Betonplattenweges überqueren wir eine Asphaltstraße und folgen geradeaus einem Feldweg an einigen Nur-Dach-Häusern vorbei in das weitläufige Mischwaldgebiet der **Canower Heide**. Auf einem weitgehend ebenen Forstweg erreichen wir nach gut einem Kilometer Wegstrecke eine Kreuzung. Dort linkshaltend kommen wir auf einem schmaleren Forstweg zur Bundestraße *(B 122)*. Vorsichtig über diese hinweg setzen wir unsere Wanderung auf einem am Rand der **Canower Heide** entlangführenden Feldweg bis zu der uns bereits bekannten Kreuzung mit überdachtem Rastplatz fort. Mit *Wegweisung Canow* folgen wir einem abschnittsweise von Weiden und Eichen gesäumten Fuß- und Radweg durch eine riesige, sanft hügelige Ackerfläche. Ein kleines Waldgebiet durchqueren wir auf dem nun als *Alte Landstraße* ausgewiesenen Weg und gelangen an den Ortsrand von **Canow**. Nach wenigen Metern auf unterschiedlichen Wegbelägen stoßen wir auf die Straße *Am Canower See* und gelangen auf dieser rechtshaltend zurück zum **Parkplatz Canower Straße/Am Canower See**.

Tipp: „Fischereihof Canow"

Vom Parkplatz ist es nur ein Katzensprung *(Fischersteig)* zu einem der schönsten Fischereihöfe der Mecklenburgischen Seenplatte. Der am Labussee gelegene **„Fischereihof Canow"** offeriert in seinem pikfeinen Ladengeschäft/Imbiss Frisch- und Räucherfisch, köstliche Marinaden, Suppen und Fischgerichte sowie vorzügliche Fischbrötchen. Für den Verzehr vor Ort stehen in dem sehr gepflegten Außenbereich zahlreiche Tische und Bänke „mit Seeblick" bereit, Wassersportler nutzen die große Steganlage (Mehraufwand insgesamt 300 Meter).

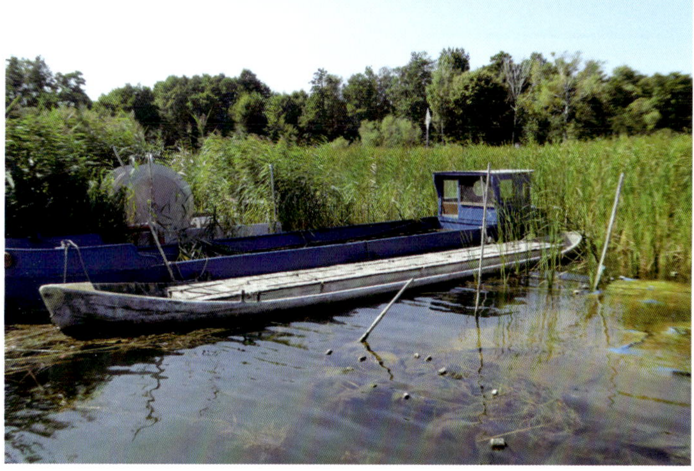

Ausgedienter Kutter des „Fischereihofes Canow"

Diemitz – Vom „Verkehrsknotenpunkt“ Vilzsee an den verschwiegenen Haussee

Die Rundtour bietet in komprimierter Form das, was die Kleinseenplatte ausmacht: Ein Geflecht von großen und kleinen Seen, einen Verbindungskanal samt stark frequentierter Schleuse, viel Wald und ausgedehnte Wiesen und mit Diemitz und Luhme zwei beschauliche Dörfer.

Start/Ziel: Diemitz, Parkplatz Dorfstraße/Luhmer Weg (Bushaltestelle)
An-/Abfahrt mit öffentlichen Verkehrsmitteln: ab/bis Diemitz von Juni bis Oktober drei Mal täglich Südroute des „Kleinseenbus“ (in/aus Richtung Wesenberg/Mirow) sowie mit der MVVG-(Schul-)Buslinie 661 (in/aus Richtung Mirow)
Anforderungen: Wenig anstrengende Rundwanderung auf einem schmalen Uferweg und breiten Forst- und Feldwegen, zwei längere Passagen auf verkehrsarmen Straßen. Für Familien mit Kindern unter 12 Jahren bedingt geeignet.

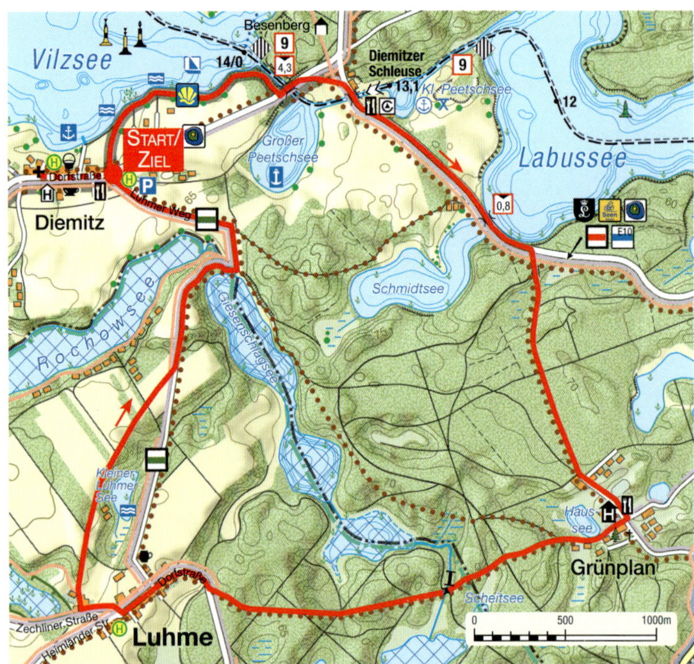

Streckenlänge: 11,0 Kilometer
Anstiege/Abstiege: 100 Höhenmeter
Einkehr: Restaurant „Regolin am See“ in Diemitz, Restaurant „Scheune“ an der Diemitzer Schleuse, Hotel-Restaurant „Heidekrug“ in Grünplan
Karte: Rad-, Wander- & Gewässerkarte „Rheinsberger Seen, Großer Stechlin“
Sehenswertes: Dorfkirche in Diemitz, Diemitzer Schleuse

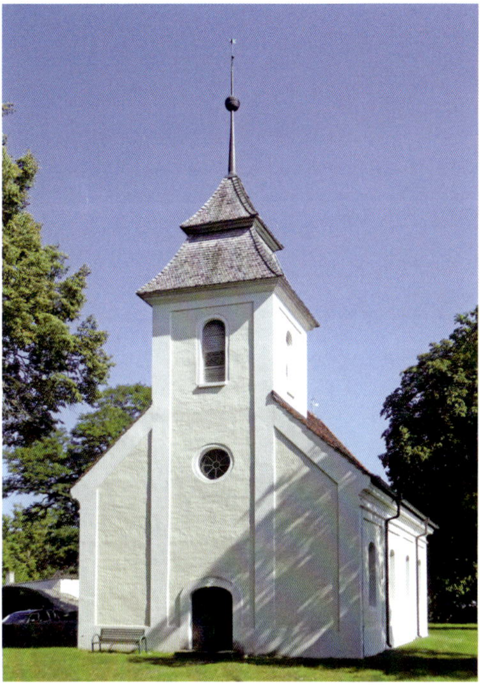

Dorfkirche Diemitz

Im Zentrum des erstmals 1237 urkundlich erwähnten Dorfes **Diemitz**, seit 2004 ein Ortsteil von Mirow, steht die klassizistische **Dorfkirche** (1764/65). Sie ersetzt eine Vorgängerkirche, die wie große Teile des Dorfes 1740 einem Großbrand zum Opfer fiel. Der unter Denkmalschutz gestellte, verputzte Backsteinbau birgt unter einer gewölbten, bemalten Holzdecke einen im Rokokostil gehaltenen Kanzelaltar. *(Dorfstraße)*.

Vom **Parkplatz Dorfstraße/Luhmer Weg** überqueren wir die hier nicht ausgewiesene *Dorfstraße* und gelangen rechts am Haus Nr. 3 vorbei mit *Wegweisung Gemeindezentrum* auf einen Schotterweg. An dessen Ende erreichen wir den **Badestrand** am **Vilzsee**

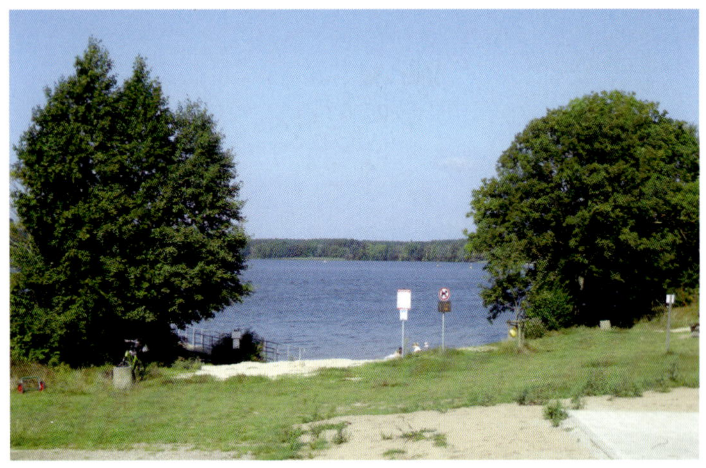

Diemitzer Badestrand am Vilzsee.

Der in Ost-West-Richtung etwa 3,6 Kilometer lange und in Nord-Süd-Richtung zwischen 200 und 1000 Metern breite **Vilzsee** ist ein Bestandteil der Müritz-Havel-Wasserstraße. Aufgrund seiner zahlreichen „Verbindungen" hat er eine bedeutende „Verteilerfunktion" für die Sportschifffahrt: Der See besitzt Zuflüsse aus dem Schwarzen See/Zethener See sowie aus dem Zotzensee/Mössensee, Abflüsse über die Overbek zum Rätzsee sowie über einen kurzen Kanal zum Großen Peetschsee. Im Norden des Sees befindet sich ein besonders ausgewiesener Wasserskibereich.

Rechter Hand beginnt ein Pfad, auf dem wir in leichtem Auf und Ab zunächst am bewachsenen Ufer des schilfgesäumten **Vilzsees**, dann durch einen kleinen Wald zur Kreisstraße *(K 4)* gelangen. Links haltend überqueren wir mit Hilfe einer Brücke den kurzen Kanal zwischen dem **Vilzsee** und **Großen Peetschsee**. Nachdem wir eine Stromtrasse unterquert haben, zweigen wir beim kleinen **Abwasserpumpwerk** nach rechts auf einen beschrankten Forstweg. Links an einer großen Rasthütte vorbei stoßen wir vor einer Häusergruppe auf die Straße *Diemitzer Schleuse/K 5*, auf der wir rechts haltend nach wenigen Metern die **Diemitzer Schleuse** erreichen.

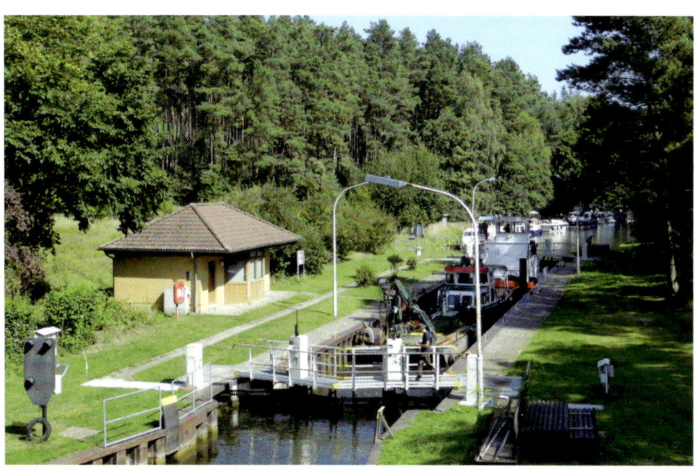

Diemitzer Schleuse

Die in den 1880er-Jahren nach dem „Finowmaß" (Schleusenkammerlänge 42,1 Meter, -breite 5,34 Meter) erbaute, 1977/78 durch einen Neubau ersetzte **Diemitzer Schleuse** liegt an einem Kanal der Müritz-Havel-Wasserstraße. Mit ihrer Hilfe wird der durchschnittliche Höhenunterschied von 1,29 Metern zwischen dem Kleinen Peetschsee/Labussee und dem Großen Peetschsee ausgeglichen. Mit der Schleusung von jährlich etwa 40.000 Sportbooten ist die Schleuse die meistgenutzte in der gesamten Mecklenburgischen Seenplatte.

Mit Hilfe einer Brücke, von der das rege Treiben an und in der stauanfälligen Schleuse aus nächster Nähe beobachtet werden kann, überqueren wir den **Schleusenkanal**. Nachdem wir das zum **„Biber Ferienhof"** gehörende **Restaurant „Scheune"** passiert haben, überwinden wir einen bewaldeten Höhenrücken und wandern danach durch eine ausgedehnte Wiesenfläche, in der rechter Hand der **„Kunsthof Diemitz"** liegt. Mit Hilfe einer Brücke überqueren wir die Verbindung von **Labussee** zur Linken und **Schmidtsee** zur Rechten.

Mit gut 2,5 Quadratkilometern gehört der **Labussee** zu den flächengrößten Seen der Kleinseenplatte. Wie seine Nachbarn ist der etwa drei Kilometer lange und bis zu 900 Metern breite See Bestandteil der Müritz-Havel-Wasserstraße. Der überwiegend von Wald gesäumte See hat vier ausgeprägte Buchten. Er entwässert mit Hilfe eines Kanals in den Canower See, gespeist wird er mit Hilfe eines Kanals vom Kleinen (und Großen) Peetschsee sowie über die Dollbek aus dem Gobenowsee (→ S. 32). Der kleine **Schmidtsee** ist eine ehemalige Bucht des Labussees.

Mit stark eingeschränkter Aussicht auf die beiden Seen setzen wir unsere Wanderung auf der wenig befahrenen, leicht ansteigenden Kreisstraße fort. Auf ihrem Scheitelpunkt zweigen wir mit *Wegweisung Restaurant Heidekrug* nach rechts auf einen Forstweg. Nach wenigen Metern teilt sich der Weg. Linkshaltend folgen wir dem Hauptweg durch eine hügelige Waldlandschaft nach **Grünplan**. Die heutige, von dem Gebäudekomplex des **Hotel-Restaurants „Heidekrug"** dominierte Feriensiedlung gehörte zwischen 1765 und 1780 zu den bedeutendsten Glashüttenorten Deutschlands. Auf Höhe des reizvoll am kleinen **Haussee** gelegenen Hotels erreichen wir eine Kreuzung. Mit *Wegweisung Luhme* setzen wir rechtshaltend unsere Wanderung fort, passieren den nur über die Hotelanlage zugänglichen **Haussee** und gelangen in ein ausgedehntes, hügeliges Mischwaldgebiet. Auf dem abschnittsweise sandigen Forstweg verlassen wir **Mecklenburg-Vorpommern** in Richtung **Brandenburg**, überqueren einen Graben, der die beiden weitab gelegenen Gewässer **Giesenschlagsee** und **Krummer See** verbindet, und erreichen in spürbarem Auf und Ab die Kreisstraße *(K 6814)*. Dieser folgen wir mit *Wegweisung Repente* nach rechts nach **Luhme**. Das gepflegte Straßen- und Gutsdorf durchqueren wir auf der *Dorfstraße*. Bei einer Straßengabelung setzen wir den Dorfbummel rechtshaltend in der *Zechliner Straße* fort. Hinter dem Haus Nr. 5 zweigen wir nach rechts auf einen leicht ansteigenden, geschotterten Fahrweg. Ausgedehntes Weideland zur Linken, Kiefernwald zur Rechten kommen wir immer geradeaus, abzweigende (Privat-)Wege ignorierend zu einer Wegkreuzung. Über diese geradeaus hinweg gelangen wir durch Weideland zu einem mittig ausgepflasterten Betonspurweg, dem wir nach links folgen. Der Weg führt nun abwechselnd durch Kiefernwald und offenes Gelände, nach einem leichten Anstieg geht es hinab an den rechter Hand liegenden **Giesenschlagsee** - der linker Hand liegende **Rochowsee** „versteckt" sich hier hinter dichtem Bewuchs. Mit der Rückkehr nach **Mecklenburg-Vorpommern** geht der Betonspurweg in einen asphaltierten Fahrweg über. Auf dem hier nicht ausgewiesenen, von unterschiedlichen Laubbäumen gesäumten *Luhmer Weg* gelangen wir durch Weideland sanft ansteigend nach **Diemitz** und nach wenigen Metern zurück zum **Parkplatz Dorfstraße/ Luhmer Weg**.

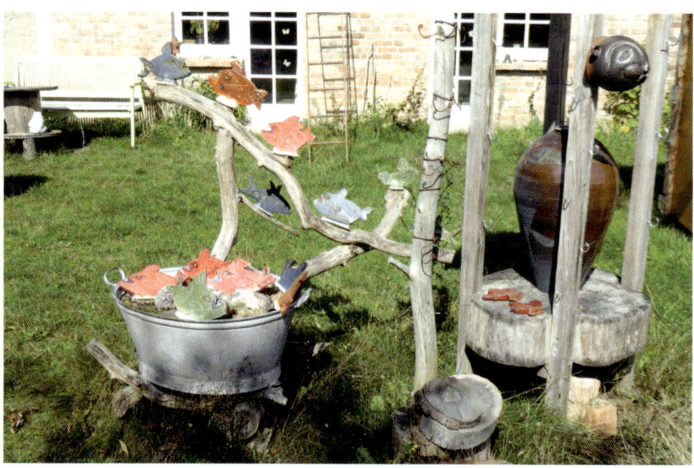

Vielfältiges Angebot – Töpferei in Diemitz

Tipp: Dorfbummel

Das nur auf den ersten, flüchtigen Blick unscheinbare Straßendorf hält für uns neben dem einladenden **Badestrand** am **Vilzsee** einige reizvolle „Angebote" zum Tourenabschluss bereit: Das **Restaurant „Regolin am See"** begeistert mit Lage und an die traditionell französische Küche angelehnten Speisen, die **Cider-Manufactur** hat sich der Herstellung von schäumendem Apfelwein (**„Pomme de Meck"**) verschrieben, die **Töpferei Frank Verchau** bietet originelle Handwerkskunst und zuletzt gibt es die hübsche **Dorfkirche** – allesamt an der *Dorfstraße* gelegen und einen Besuch wert (Mehraufwand insgesamt 800 Meter).

Grüne Hütte – Rund um die Wummseen und den Kapellensee

Der „Wummsee-Rundweg" bietet einhundert Prozent Natur. Keine nennenswerte Siedlung, keine kulturelle Sehenswürdigkeit lenken vom eindrücklichen Landschaftserlebnis ab. Und auch die „Zugabe" um den Kapellensee ist vor allem landschaftsorientiert. Für ein ungetrübtes Naturerlebnis sorgt eine vorzügliche Markierung und Ausschilderung des (zertifizierten) Rundweges: Verlaufen (auch ohne Karte) ausgeschlossen!

Start/Ziel: Grüne Hütte, Wanderparkplatz Grüne Hütte
An-/Abfahrt mit öffentlichen Verkehrsmitteln: keine Verbindungen
Anforderungen: Wenig anstrengende Rundwanderung auf teils schmalen, teils wurzeligen Wald- und Uferwegen, zwei kurze Straßenpassagen, lückenlos markiert (Grünpunkt). Für Familien mit Kindern unter 12 Jahren bedingt geeignet.
Streckenlänge: 11,8 Kilometer
Anstiege/Abstiege: 120 Höhenmeter

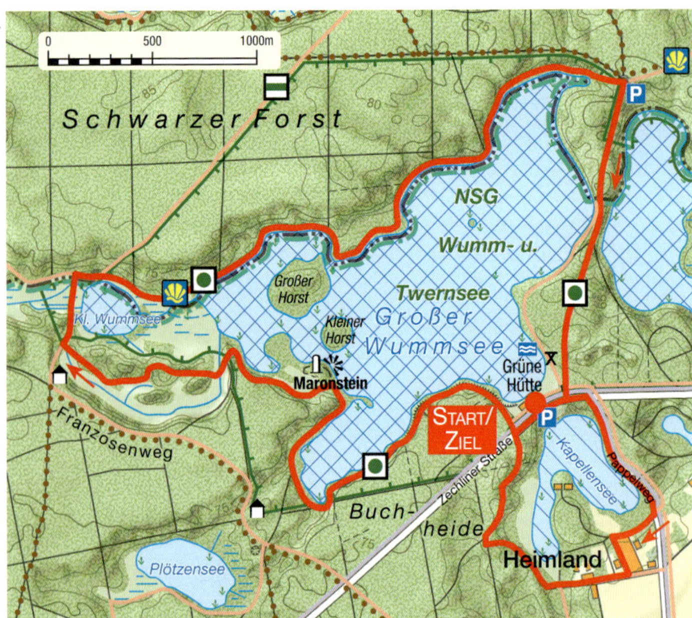

Einkehr: keine
Karte: Rad-, Wander- & Gewässerkarte „Rheinsberger Seen, Großer Stechlin"
Sehenswertes: Naturschutzgebiet Wumm- und Twernsee

Von dem zwischen **Großem Wummsee** und **Kapellensee** gelegenen **Wanderparkplatz Grüne Hütte** folgen wir mit *Wegweisung Wummsee-Rundweg* der Kreisstraße *(K 6814)* nach links *(Beginn der Grünpunkt-Markierung)*. Rechter Hand verlieren sich an dem zum **Großen Wummsee** abfallenden Hang eine Handvoll Gebäude. Von der namengebenden ehemaligen Glashütte, in der bis 1889 Grünglas produziert wurde, ist außer dem Siedlungsnamen nichts mehr vorhanden. Nach 200 Metern verlassen wir die Straße und gelangen mit *Wegweisung Maronstein* nach rechts hinab an den **Großen Wummsee**.

Der in einer Endmoränenlandschaft liegende, aus zahlreichen Toteiskesseln entstandene **Große Wummsee** bedeckt eine Fläche von 144 Hektar. In dem bis zu 35 Metern tiefen, glasklaren See gibt es mit dem **Großen** und **Kleinen Horst** zwei größere und dem **„Blumenkorb"** eine kleinere Insel. Der vollständig von Wald umsäumte See hat weder einen Zu- noch einen Abfluss, die Wasseraufenthaltszeit ist mit etwa 50 Jahren extrem lang. Mit seinen Nachbarn, dem zunehmend verlandenden **Kleinen Wummsee** und dem **Twernsee** (s. u.), ist der Große Wummsee seit 1967 Bestandteil des **Naturschutzgebietes Wumm- und Twernsee**. Ziel der Unterschutzstellung ist der Erhalt der Klarwasserseen mit wertvoller Armleuchteralgenvegetation und Muschelfauna und der Erhalt sowie die Wiederherstellung naturnaher Traubeneichen-Buchenwälder. Die Seen dürfen nicht mit Motor- und Sportbooten befahren werden, das Baden ist einzig an der Badestelle Grüne Hütte zuglassen.

Am Fuß eines überwiegend mit Buchen bestandenen Hanges wandern wir auf einem ufernahen, weitgehend ebenen Waldweg an einer großen Bucht des Sees entlang zu einer kleinen Anhöhe. Auf dieser gründet der **Maronstein**, ein Gedenkstein für den Königlichen Oberförster **Louis Maron** (1823–1885).

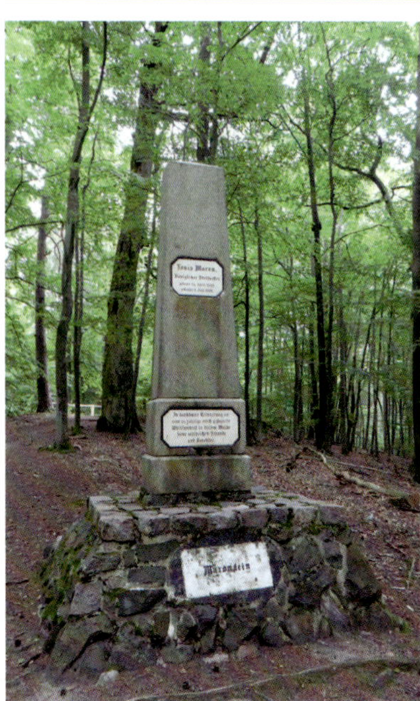

Denkmal für den Oberförster Louis Maron

Die Aussicht von der Anhöhe auf den See wird durch dichten Baumbestand stark eingeschränkt. Nach der kurzen „Bergwertung" setzen wir unsere Uferwanderung bis zum westlichen Seeende fort. Am Rand eines Feuchtgebietes nähern wir uns danach dem **Kleinen Wummsee**. Durch eine sumpfige Niederung gelangen wir dank zweier kurzer Bohlenwege trockenen Fußes auf einen schmalen Uferpfad (und von **Brandenburg** nach **Mecklenburg-Vorpommern**). Zunächst am Nordufer des **Kleinen Wummsees**, dann am nördlichen Rand eines ausgedehnten Feuchtgebietes entlang kommen wir zurück an den **Großen Wummsee**. Durch den überwiegend mit Buchen bestandenen Hang führt ein teilweise wurzeliger Uferpfad bergauf, bergab am See entlang. Wir passieren den zum Greifen nahen **Großen Horst**, erkennen am gegenüberliegenden Ufer die wenigen Gebäude von **Grüne Hütte** und erreichen schließlich den nördlichsten Punkt des Sees. Hier weist uns die Markierung vom See „landein". Der deutlich zu erkennende Uferweg darf bis zur **Badestelle Grüne Hütte** nicht mehr begangen werden: Die östliche Uferzone des **Großen Wummsees** ist seit 2004 als **Naturwaldreservat** zum Schutz und zur Dauerbeobachtung der natürlichen Waldentwicklung ausgewiesen und ausschließlich Tieren und Pflanzen vorbehalten. Über einen kleinen Parkplatz gelangen wir auf einen bewaldeten Höhenzug, an dessen schmalster Stelle sich schöne Ausblicke nach rechts auf den **Großen Wummsee**, nach links auf den **Twernsee** bieten.

Wie sein großer Nachbar ist der vollständig von Wald umsäumte **Twernsee** aus zahlreichen Toteiskesseln entstanden. Der 63 Hektar große und bis zu 32 Meter tiefe See ist zuflusslos und entwässert in den Rochowsee.

Zurück in **Brandenburg** passieren wir den Abzweig zur kleinen, schattigen **Badestelle Grüne Hütte** und erreichen die *Kreisstraße*. Wer die Wanderung hier beenden möchte, folgt dieser für wenige Meter nach rechts zum **Wanderparkplatz Grüne Hütte** (Ersparnis 2,6 Kilometer, 20 Höhenmeter). Mit *Wegweisung Wummsee-Rundweg Heimland* setzen wir unsere Wanderung auf der *Kreisstraße* nach links fort, zweigen nach 50 Metern nach rechts auf einen Betonspurweg und kommen alsbald zur einladenden Badestelle am kleinen, waldumsäumten **Kapellensee**.

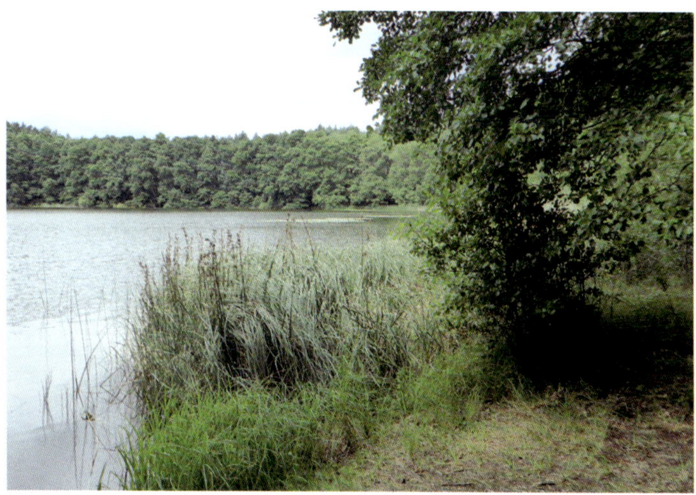

Blick auf den Kapellensee

Durch schönen Mischwald erreichen wir die Siedlung **Heimland**. Der kleine Dorfbummel endet am **„Landhaus Sieben Wasser"**. Das ehemalige Hotel „Am Birkenhain" ist heute ein beliebtes Ziel für Hochzeitsgesellschaften. Auf weitgehend ebenen Waldwegen gelangen wir zurück zur *Kreisstraße*. Auf dieser 200 Meter nach rechts kommen wir zum **Wanderparkplatz Grüne Hütte**.

Flecken Zechlin – Rund um den Kleinen und Großen Zechliner See

Wo sich zahlreiche Wassertouristen wohlfühlen, kommen auch Wanderer voll auf ihre Kosten: Vom beschaulichen, malerisch an einem Hang gelegenen Flecken Zechlin führt eine abwechslungsreiche, überwiegend ufernahe Wanderung um den Kleinen und Großen Zechliner See.

Start/Ziel: Flecken Zechlin, Parkplatz Am Markt/Amtsstraße
An-/Abfahrt mit öffentlichen Verkehrsmitteln: ab/bis Flecken Zechlin mit den OPR-Buslinien 785 (aus/in Richtung Rheinsberg/Mirow), 787 (aus/in Richtung Neuruppin) und 746 (aus/in Richtung Wittstock)
Anforderungen: Mäßig anstrengende Rundwanderung auf gut begehbaren Ufer-, Wald-, Feld- und Fahrwegen, der Rundweg um den Großen Zechliner See ist (sparsam) ausgeschildert. Für Familien mit Kindern unter 12 Jahren bedingt geeignet.
Streckenlänge: 12,2 Kilometer
Anstiege/Abstiege: 110 Höhenmeter
Einkehr: außerhalb vom Flecken Zechlin keine
Karte: Rad-, Wander- & Gewässerkarte „Rheinsberger Seen, Großer Stechlin"
Sehenswertes: Marktplatz und Kirche im Flecken Zechlin

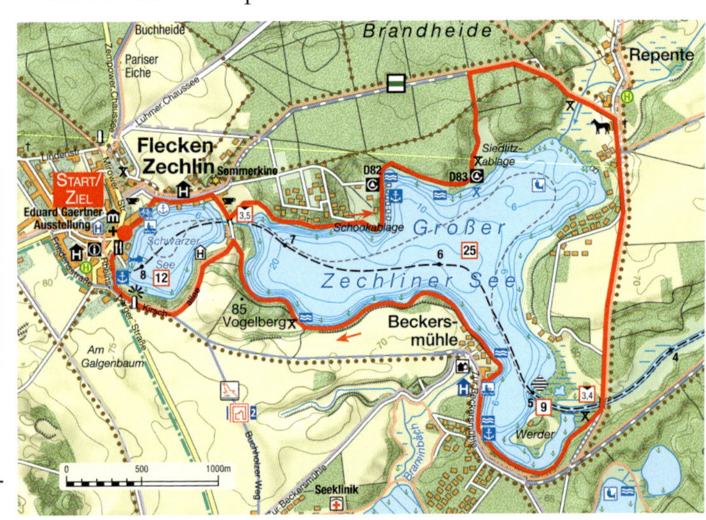

Mit einer Schenkung des Fürsten von Werle im Jahre 1237 an das Doberaner Zisterzienserkloster begann die wechselvolle Geschichte des seit 2003 zur Stadt Rheinsberg gehörenden **Flecken Zechlin**. Von einer um 1320 erbauten Burg der Havelberger Bischöfe, von einem viergeschossigen Schloss der brandenburgischen Hohenzollern ist heute nichts mehr vorhanden. Das am Ufer des Schwarzen Sees gründende ehemalige **Amtshaus**, ein 1721/22 erbautes zweigeschossiges, neunachsiges Herrenhaus mit Walmdach, diente viele Jahre als Schulgebäude. Nach jahrelangem Leerstand und Verfall wird der denkmalgeschützte Bau zur Zeit grundsaniert und soll nach seiner Fertigstellung als Begegnungsstätte, Café und touristische Unterkunft genutzt werden *(Amtsstraße)*. Im Zentrum des seit 2011 staatlich anerkannten Erholungsortes befindet sich der liebevoll gestaltete **Marktplatz**. Hinter einer mehr als 200 Jahre alten, mächtigen Eiche „versteckt" sich die 1775 erbaute schlichte, klassizistische **Kirche**. In den Sommermonaten ist hier eine Ausstellung über den Berliner Maler **Eduard Gaertner** (1801–1877) zu sehen, der in dem benachbarten, über 200 Jahre alten Fachwerkhaus seine letzten Lebensjahre verbrachte (beide *Am Markt)*.

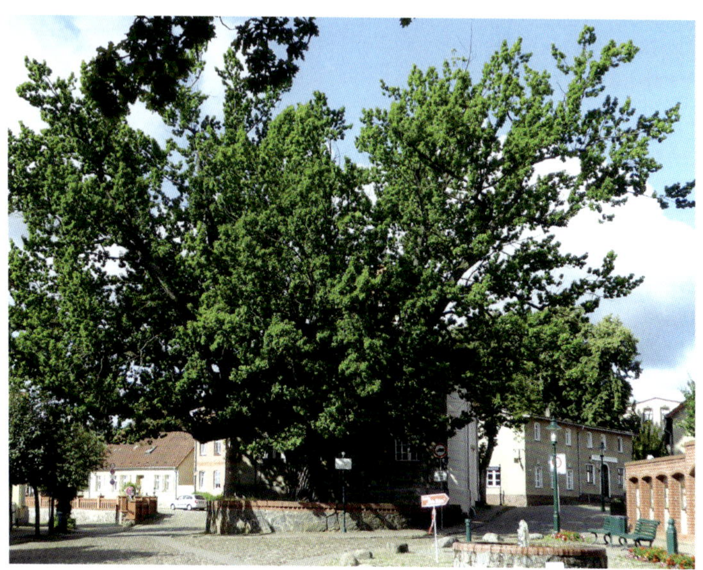

Die mächtige alte Eiche im Flecken Zechlin

Vom **Parkplatz Am Markt/Amtsstraße** folgen wir der anfänglich gepflasterten *Amtsstraße* nach rechts. Nachdem wir das alte **Amtshaus** und eine am **Schwarzen See** liegende kleine Parkanlage samt **Bootsverleih „Maranke"** passiert haben, mündet der Fahrweg in einen am Seeufer entlangführenden hübschen Promenadenweg. Auf diesem gelangen wir hinauf zum hier nicht ausgewiesenen, mit Feldsteinen gepflasterten *Strandweg*, dem wir nach rechts folgen. Das neben anderen kleinen Ferienhäusern reizvoll gelegene **„Haus Elsenhöhe"** wurde 1911 als Landarztklinik erbaut. Nach einer abwechslungsreichen Nutzungsgeschichte und einer umfassenden Sanierung wird das Anwesen heute als Ferienwohnungsanlage geführt. Auf Höhe des **„Rudervereins Zechlin"** folgen wir der *Wegweisung Rundwanderweg* nach rechts auf die *Strandpromenade*. Links am **Café „Zur Brücke"** vorbei erreichen wir die namengebende Fußgängerbrücke, die über den **Schwarzen See** und **Großen Zechliner See** verbindenden **Zechliner Kanal** hinwegführt.

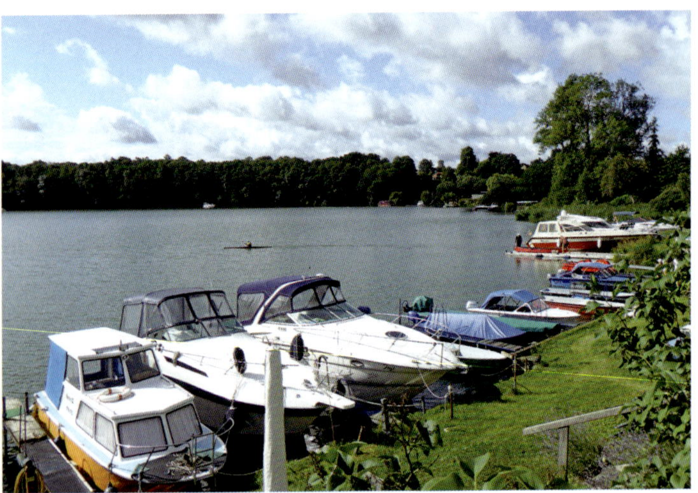

Sportboothafen am Schwarzen See

Der **Schwarze See** (auch: **Kleiner Zechliner See**) ist ein zuflussloser, maximal 12 Meter tiefer Klarwassersee. Er bedeckt eine Fläche von etwa 30 Hektar. Deutlich größer ist sein Nachbar, der **Große Zechliner See.** Dieser bedeckt eine Fläche von 180 Hektar, seine maximale Wassertiefe beträgt 36 Meter. Die beiden zur Rheinsberger Seenplatte gehörenden Seen wurden im Zuge der zwischen 1876 und 1881 erfolgten Schiffbarmachung der Rheinsberger Gewässer durch den gut 200 Meter langen **Zechliner Kanal** miteinander verbunden. Gleichzeitig wurde mit dem 1,8 Kilometer langen **Landwehrkanal** (auch: **Repenter Kanal**) eine Verbindung zwischen dem Großen Zechliner See und dem Zootzensee geschaffen. Durch den Kanalbau kam es zur Absenkung des Großen Zechliner Sees um 2,2 Meter und des Schwarzen Sees um 3,45 Meter, aus der im Süden des Großen Zechliner Sees gelegenen Halbinsel **Werder** wurde eine Insel. Die Zechliner Gewässer besitzen seit 1998 den Status einer (8,5 Kilometer langen) sonstigen Binnenwasserstraße des Bundes und sind über die Wasserstraße Rheinsberger Gewässer an die Müritz-Havel-Wasserstraße angeschlossen.

Vor der Brücke linkshaltend folgen wir einem Wiesenpfad am **Kanal** entlang, tangieren kurz den **Großen Zechliner See** und münden schließlich in einen breiten Querweg. Rechtshaltend gelangen wir in einen Laubwald und nach wenigen Metern an das bewachsene Ufer des **Großen Zechliner Sees**. Linker Hand begleitet uns nun der vom **Schooker Berg** herabreichende bewaldete Hang, auf dem sich eine große, von seinerzeit volkseigenen Betrieben für ihre Beschäftigten errichtete Ferienhaussiedlung ausbreitet. Über zahlreiche Treppenanlagen gelangen deren Bewohner zu den sich am bewaldeten Ufer aufreihenden Boots- und Badestegen. Von einem kleinen Parkplatz folgen wir der *Wegweisung Rundwanderweg* über das Gelände des **„Sport- und Hausbootsvereins“** sowie des angrenzenden, gemeindeeigenen ersten **„Campingplatzes am Großen Zechliner See“** hinweg. Hier befand sich früher eine **Schookablage**: Bei Ablagen handelt es sich um Holzlagerplätze, von denen aus Langholz zu den Sägewerken geflößt wurde. Nachdem wir das Gelände verlassen haben, stoßen wir auf einen Fahrweg, auf dem wir rechtshaltend an dem mit zahlreichen Bootsstegen „angereicherten“ Seeufer entlang zum zweiten **„Campingplatz am Großen Zechliner See“** gelangen.

Nach Durchquerung des Campinggeländes trennen wir uns vom See und folgen einem Fahrweg in einen Mischwald. Links an der **Seewiese** samt überdachtem Rastplatz vorbei erreichen wir sanft ansteigend eine Kreuzung. Dort folgen wir dem breiten Forstweg nach rechts bis zu einem Querweg, auf dem wir in gleicher Richtung aus dem Wald heraus und durch Wiesengelände zum **Rastplatz Franzosenweg** gelangen. Mit Blick auf die Streusiedlung **Repente** halten wir uns bei einer Wegteilung rechts und kommen nach wenigen Metern zu einem breiten, geschotterten Fahrweg, dem wir mit *Wegweisung Rundwanderweg* nach rechts folgen. Links am **„Reiterhof Lück"** vorbei wandern wir auf dem alten, abschnittsweise feldsteingepflasterten Landweg durch eine sanft hügelige Felder- und Wiesenlandschaft, unterqueren eine Stromtrasse und gelangen durch einen von Kiefern dominierten Wald zum **Landwehrkanal** (auch: **Repenter Kanal**). Über den Kanal hinweg passieren wir den Zugang zu dem an der Wasserstraße reizvoll gelegenen Rastplatz, etwa 20 Meter weiter heißt es: „Aufpassen!" Mit der an einem Baum angebrachten *Wegweisung RW/weißer Pfeil* (Stand August 2021) zweigt nach rechts ein schmaler Waldweg ab. Nach wenigen Metern erreichen wir das erste von vielen nachfolgenden Bootshäusern an der südlichen Bucht des **Großen Zechliner Sees**. Am Fuß des bewaldeten Hanges, in dem vereinzelte Ferienhäuser stehen, gelangen wir mit gelegentlichen Aussichten auf die zum Greifen nahe Insel Werder an den Uferbereich der Siedlung **Beckersmühle**. Die nach dem Eigentümer einer früheren Schneide- und Mahlmühle benannte

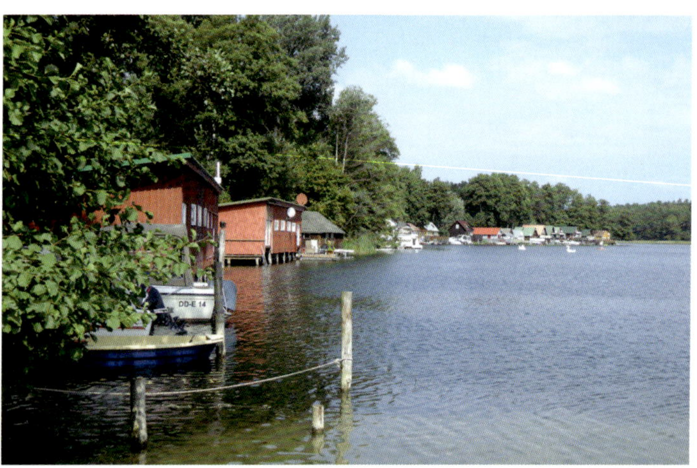

Auch in Beckersmühle säumen Bootshäuser das Ufer des Großen Zechliner Sees.

Gegend entwickelte sich seit den 1960er-Jahren zu einer (immer noch wachsenden) Ferienhaussiedlung. An der zur **Ferienanlage „Inselblick“** gehörenden **Marina** vorbei queren wir einen hangwärts ansteigenden Sandstrand und gelangen durch eine weitere Ansammlung von Bootshäusern zum **Rastplatz Beckersmühle**.

Mit schönen Aussichten auf die hinter uns liegende Bucht, die gegenüberliegende „Ausfahrt“ des **Landwehrkanals** sowie auf den sich vor uns weitenden See folgen wir einem unterschiedlich breiten Uferweg am Fuß eines bewaldeten Hanges. Wir überqueren ein Rinnsal, passieren eine gut ausgestattete Badestelle, gelangen abseits des Seeufers auf eine offene Fläche, halten uns dort bei einer Wegteilung rechts und stoßen auf die hier nicht ausgewiesene *Kirschallee*.
Hier verlassen wir den Rundweg und folgen dem gepflasterten Fahrweg nach links. Auf den kurzen Abstecher nach rechts zum Rastplatz vor der **Fußgängerbrücke** über den **Zechliner Kanal** sollten wir nicht verzichten, bietet sich uns von dort eine schöne Sicht über den **Schwarzen See** auf den **Flecken Zechlin**. Zurück auf dem Fahrweg zweigen wir vor der **DGB-Jugendbildungsstätte** mit *Wegweisung Wanderweg um den Schwarzen See* nach rechts auf einen breiten Waldweg, auf dem wir abwärts zu einer kleinen Wiesen-/Sportfläche (Bootsplatz der Bildungsstätte) gelangen. Linkshaltend stoßen wir auf einen Zaun, folgen dem dort beginnenden schmalen Pfad steil bergan und münden unterhalb der Bildungsstätte in einen weitgehend ebenen, durch den zum **Schwarzen See** steil abfallenden, bewaldeten Hang führenden Weg. Die reizvolle Hangquerung endet an der auch hier nicht ausgewiesenen *Kirschallee*, der wir nach rechts folgen. An einer ausgedehnten Ackerfläche entlang erreichen wir den **Flecken Zechlin**. Wenige Meter hinter dem Ortschild gibt es von einer kleinen Aussichtswarte eine großartige Sicht auf den Ort und den **Schwarzen See**. An der Kreuzung folgen wir der *Rheinsberger Straße* hinab ins Ortszentrum. Wir passieren den durch die *Seestraße* führenden Zugang zur traumhaft gelegenen, sehr empfehlenswerten **„Fischerhütte Gehrt“** und erreichen rechts an der **Kirche** vorbei den kleinen **Marktplatz**. Hier lockt das beliebte Café der **„Landbäckerei & Konditorei Janke“** zur Einkehr – angesichts der wenigen Schritte zum **Parkplatz Am Markt/Amtsstraße** ein durchaus erwägenswerter Tourabschluss.

Rheinsberg – Wo Natur auf Kultur trifft: Durch die Rheinsberger Seenlandschaft

Hier der trubelige Touristenmagnet Rheinsberg, dort eine weltabgeschiedene Waldlandschaft am Rand einer vielfältigen Seenplatte - auf der langen Rundwanderung ist für reichlich Abwechslung gesorgt.

Start/Ziel: Rheinsberg, Parkplatz Am Rosenplan (gebührenpflichtig)
An-/Abfahrt mit öffentlichen Verkehrsmitteln: ab/bis Rheinsberg mit der ORP-Buslinie 785 (in/aus Richtung Mirow)
Anforderungen: Anstrengende Rundwanderung auf unterschiedlich breiten Wald-, Ufer- und Feldwegen sowie asphaltierten Rad- und verkehrsarmen Fahrwegen. Für Familien mit Kindern unter 12 Jahren nicht geeignet.
Streckenlänge: 19,9 Kilometer
Anstiege/Abstiege: 170 Höhenmeter
Einkehr: außerhalb von Rheinsberg Gasthaus „Am Rheinsberger See" in Warenthin
Karte: Rad-, Wander- & Gewässerkarte „Rheinsberger Seen, Großer Stechlin"
Sehenswertes: Schloss, Schlosspark und Skulpturengruppe „Odysseus" in Rheinsberg, Hafendorf Rheinsberg

Hätte nicht der preußische **König Friedrich Wilhelm I.** (1688–1740) 1734 für seinen Sohn, den **Kronprinzen Friedrich** und späteren **König Friedrich II.** (1712–1786), einen bis dahin unbedeutenden Herrensitz am Ufer des Grienericksees gekauft, **Rheinsberg** wäre bis heute eine verschlafene (Ackerbürger-)Stadt geblieben. So entstanden unter Leitung der Baumeister **Johann Gottfried Kemmeter** (Ende 17. Jh.–1748) und **Georg Wenzeslaus von Knobelsdorff** (1699–1753) auf den Fundamenten eines 1566 erbauten Wasserschlosses **Schloss Rheinsberg** (1734–39) und ein (zunächst) barocker **Schlossgarten** (auch: **Lustgarten**). Mit dem 1736 erfolgten Einzug des Beschenkten und vor allem unter dem ihm 1752 nachfolgenden Bruder, dem **Prinzen Heinrich** (1726–1802), entwickelte sich die Residenz, aber auch der Ort Rheinsberg zu einem kulturellen Zentrum, in dem die Bildende Kunst und die Musik intensiv ge-

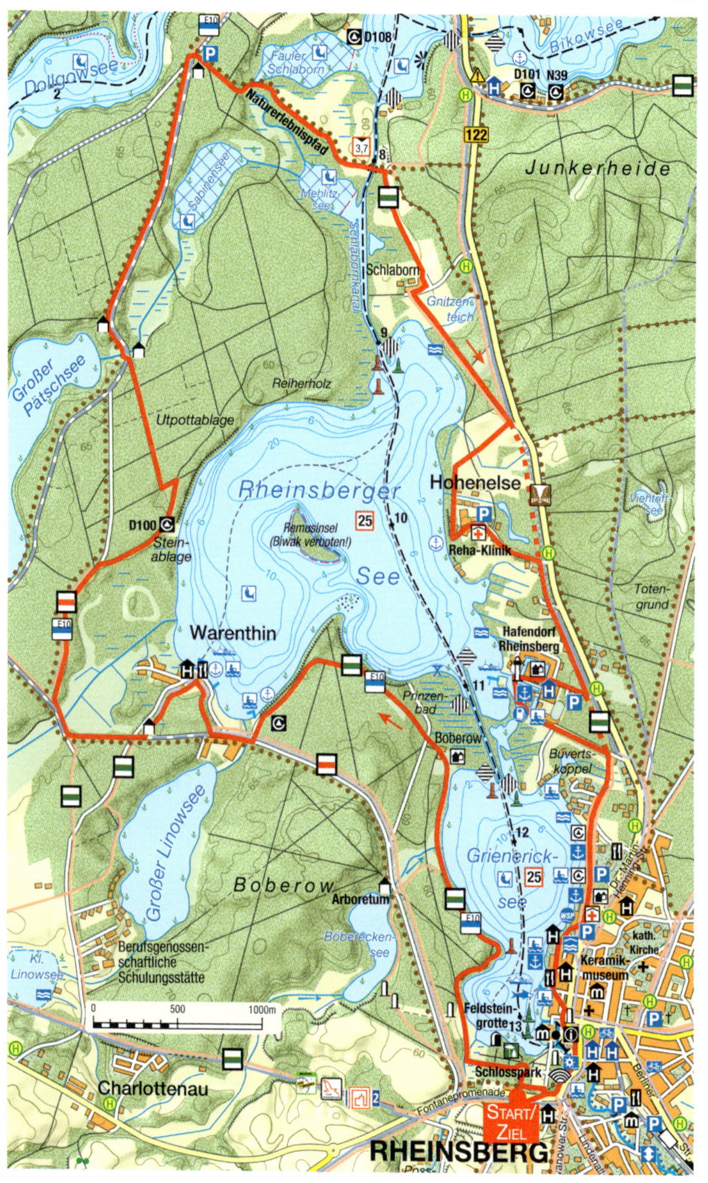

fördert wurden. Das aufwändig und umfangreich restaurierte Schloss und der Schlossgarten befinden sich heute im Besitz der

„Stiftung Preußische Schlösser und Gärten Berlin-Brandenburg". Neben dem **Schlossmuseum** beherbergt das Anwesen das **Kurt-Tucholsky-Literaturmuseum.** Im benachbarten ehemaligen **Kavalierhaus** ist die „Bundes- und Landesakademie – Musikakademie Rheinsberg" untergebracht, die das **Schlosstheater** betreibt. Der ehemalige **Marstall** und die ehemalige **Remise**, heute Sitz der Touristinformation, runden das Schlossensemble ab.

Einen Steinwurf vom ehemaligen „Musenhof" entfernt liegt der pikfein herausgeputzte (Stadt-)Kern des seit 1998 staatlich anerkannten Erholungsortes. Um den großen, baumgesäumten **Markt** reihen sich gepflegte Bürgerhäuser. In „zweiter Reihe" erhebt sich die **St.-Laurentius-Kirche**. Die in ihren ältesten Teilen aus dem 13. Jahrhundert stammende Saalkirche besitzt eine wertvolle Ausstattung vor allem mit Werken der Spätrenaissance. Hierzu gehören der Hochaltar (1576), die Kanzel mit Schalldecke (Mitte 16. Jh.), die aus gebranntem Ton bestehende Taufe (Anfang 16. Jh.) und die Scholtze-Orgel (1767). Das in einem ehemaligen Spritzenhaus untergebrachte **Keramikmuseum** zeigt die Entwicklung der Rheinsberger Keramik seit 1762, als Prinz Heinrich die erste Fayence-Manufaktur in der Prinzenstadt gründete (beide *Kirchplatz*). Freunde historischer Eisenbahnen kommen Dienstag nachmittags in dem in einem alten Lokschuppen eingerichteten **Eisenbahnmuseum** auf ihre Kosten *(Damaschkeweg)*.

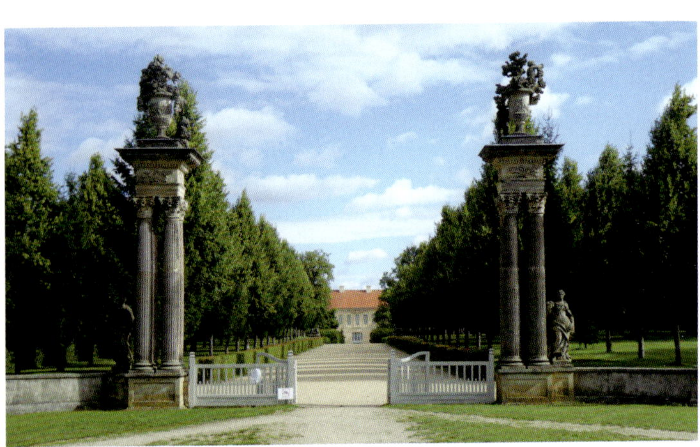

Vom Gartenportal führt der Hauptweg durch den Rheinsberger Schlosspark direkt auf das Schloss zu

Vom **Parkplatz Am Rosenplan** überqueren wir die hier nicht ausgewiesene *Fontanepromenade* und gelangen durch das **Gartenportal** in den **Schlossgarten**. Mit Blick auf das **Schloss** folgen wir der **Hauptallee** für wenige Meter bis zu einer Wegkreuzung. Dort zweigen wir nach links in die **Querallee**, kommen durch das **Heckenquartier** zum **Salon**, passieren den ehemaligen **Großen Tempel** und gelangen auf dem **Großen Damm** durch offenes Gelände und über einen Graben hinweg zur **Egeriagrotte**. Rechtshaltend folgen wir einem Wanderweg am Waldrand entlang zu einem Wiesenhang, auf dessen oberem Rand der **Rheinsberger Obelisk** steht. Diesen ließ **Prinz Heinrich** Anfang der 1790er-Jahre zu Ehren seines Bruders, **Prinz August Wilhelm** (1722–1758), und 28 weiteren Teilnehmern am **Siebenjährigen Krieg** errichten. Von dem gewaltigen Monument bietet sich eine schöne Sicht über den schilfgesäumten **Grienericksee** hinweg auf **Schloss Rheinsberg**.
Nachdem wir in den angrenzenden Mischwald gelangt sind, teilt sich der Weg. Wir folgen dem nach rechts abzweigenden *„Poetensteig"* am Ufer des **Grienericksees** entlang (Beginn der sehr lückenhaften *Blaustrich-Markierung*). Nach etwa 800 Metern verlassen wir auf Höhe einer Bank den Uferbereich „landein", halten uns bei einer Wegteilung rechts und gelangen durch ein Feuchtgebiet zu einer Unterstandshütte. Dort folgen wir an der Wegkreuzung einem zunächst undeutlichen Pfad nach rechts (kein Hinweis!). Nachdem wir ein sich rechter Hand ausbreitendes Feuchtgebiet passiert haben, verbreitert sich der Weg. Mit gelegentlichen Blicken auf den nahen **Grienericksee** erreichen wir einen breiten Forstweg. Diesem folgen wir mit *Wegweisung Warenthin* nach rechts. Wenige Meter hinter der Zufahrt zum **„Forsthaus Boberow"** setzen wir unsere Wanderung linkshaltend auf einem breiten Waldweg am oberen Rand des zum **Rheinsberger See** abfallenden Uferhanges fort. Vor der Landspitze halten wir uns nach links, folgen bei einer Wegteilung dem linken Weg zu einer Kreuzung, überqueren diese geradeaus, verlassen den Forstweg in dessen Linksschwenk geradeaus und erreichen auf einem ufernahen Waldweg in leichtem Auf und Ab den **„Campingplatz Warenthin"**. Diesen umrunden wir auf einem Pfad landseitig, folgen seinem Zufahrtsweg nach links und stoßen auf einen Betonspurweg. Rechtshaltend überqueren wir einen Graben. Bei der Wegteilung folgen wir dem nach rechts

führenden Betonspurweg und gelangen am Rand einer Feuchtwiese in das erstmals 1525 urkundlich erwähnte Dorf **Warenthin**. Das ehemalige Gutshaus wurde bereits 1905 in eine Pension umgewandelt, heute wird es als (sehr empfehlenswertes) **Gasthaus „Am Rheinsberger See“** geführt. Vom hauseigenen Bootssteg bietet sich eine großartige Sicht auf den **Rheinsberger See**.

Der 250 Hektar große und bis zu 29 Meter tiefe **Rheinsberger See** trägt zwar den Namen der Stadt Rheinsberg, diese liegt jedoch an dem mit 87 Hektar deutlich kleineren „Nachbarn“, dem **Grienericksee.** Beide Seen werden vom Rhin, einem 129 Kilometer langen Nebenfluss der Havel, durchflossen und sind Bestandteil der Rheinsberger Gewässer, einer 13 Kilometer langen sonstigen Binnenwasserstraße des Bundes. Anders als auf vielen anderen Gewässern der Kleinseenplatte wird auf den Rheinsberger Gewässern eine (empfehlenswerte) Fahrgastschifffahrt betrieben.

Auf einem anfänglich gepflasterten, dann geschotterten Fahrweg durchqueren wir das gepflegte (Ferien-)Dorf, tauchen in einen Mischwald ein und gelangen zu einer Wegkreuzung samt überdachtem Rastplatz. Rechtshaltend folgen wir mit *Wegweisung Zechliner Hütte* einem breiten Forstweg durch eine ausgedehnte, von zahlreichen Entwässerungsgräben durchzogene Niederung. Nachdem wir diese durchquert haben, kommen wir im hügeligen **Reiherholz** nach wenigen Metern zu einer Wegteilung. Mit *Wegweisung Zechliner Hütte* folgen wir dem nach rechts abzweigendem Forstweg (Beginn der lückenhaften *Rotstrich-Markierung*). Durch Mischwald wandern wir zum reizvoll am **Rheinsberger See** gelegenen **„Naturfreunde-Campingplatz Steinablage“**.

Mit bekannter Wegweisung gelangen wir auf dem Hauptweg zu einer Wegteilung, folgen dort dem breiteren Forstweg nach links und erreichen durch eine sanft hügelige Waldlandschaft eine Niederung, in der wir den künstlich geschaffenen **Möckerngraben** überqueren. Dieser verbindet den linker Hand erkennbaren **Großen Pätschsee** mit dem hier nicht sichtbaren **Sabinensee**. Es bedarf eines Stückes Wegstrecke, um auch diesen kleinen Waldsee zu Gesicht zu bekommen. Bei einer Unterstandshütte stoßen wir auf einen Querweg, dem wir mit der bekannten Wegweisung für wenige Meter nach rechts folgen, um in gleicher Richtung auf den *„Naturerlebnispfad"* zu treffen (Ende der *Blaustrich/Rotstrich-Markierung*). Auf einem breiten, mit Infotafeln „angereicherten" Waldweg durchqueren wir eine feuchte Senke, berühren mit dem **Faulen Schlaborn** eine Bucht des **Schlabornsees** und erreichen am Rand einer großen Weidefläche eine Unterstandshütte samt originellem „Waldxylophon". Nachdem wir den 1,5 Kilometer langen **Schlabornkanal**, der den **Rheinsberger See** mit dem **Schlabornsee** verbindet, überquert haben, verlassen wir den *„Naturerlebnispfad"* und zweigen gut zehn Meter hinter der Brücke nach rechts auf einen Feldweg. Überwiegend durch Weidegelände steuern wir das geschichtsträchtige **Gut Schlaborn** an. Das umfassend restaurierte Herrenhaus (1767) ist von einem neu angelegten Park umgeben, ein Steg führt an den nahen **Rheinsberger See** (Privatbesitz!). Vor dem Gutshaus folgen wir einem von Laternen gesäumten Wiesenweg. Auf den angrenzenden Weiden grasen **Thüringer Waldziegen** und **Ostpreußische Skudden** (Landschafe) - der derzeitige Gutsbesitzer hat sich der Zucht und dem Erhalt alter und bedrohter Haustierrassen verschrieben.

Wir passieren einen kleinen Teich, durchqueren ein Waldgebiet und stoßen am Rand des Geländes der **Rehabilitationsklinik Hohenelse** auf einen die Bundesstraße *(B 122)* begleitenden

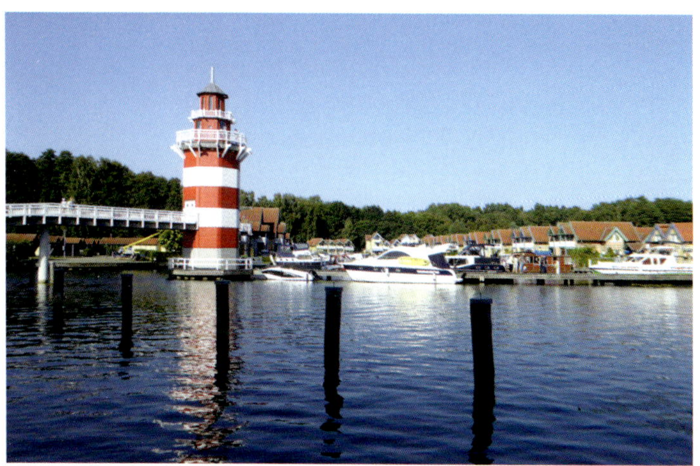

Der farbenfrohe Leuchtturm ist das Wahrzeichen des Hafendorfs Rheinsberg

asphaltierten Radweg. Wer auf den Weg um **Hohenelse** verzichten möchte, folgt dem Radweg nach rechts (Ersparnis 1,5 Kilometer). Wir zweigen vor dem Linksschwenk des Radweges nach rechts auf einen zum **„Laufpark Stechlin"** gehörenden, mit einem roten Hirschsymbol vorzüglich ausgezeichneten (Rund-) Weg. Rechtshaltend folgen wir diesem durch Wald und offenes Gelände, erreichen die Uferpromenade am schilfgesäumten **Rheinsberger See**, passieren einen Bootssteg, kommen durch Wald und eine Parkanlage zum Klinikparkplatz und gelangen auf der Klinikzufahrt zurück zur Bundesstraße. Die in großen Teilen aus deren Gründungszeit (1904) stammenden Klinikgebäude werden auf dem Rundweg nicht berührt. Auf dem straßenbegleitenden Radweg setzen wir unsere Wanderung durch die **Rheinsberger Bürgerheide** bis zur Zufahrt zum **Hafendorf Rheinsberg** fort. Wer auf den Weg zum Hafendorf verzichten möchte, folgt dem Radweg geradeaus (Ersparnis 1,0 Kilometer).

Das auf dem 13 Hektar großen Areal des ehemaligen Erholungsheims „Ernst Thälmann" ab 2001 errichtete **Hafendorf Rheinsberg** besteht überwiegend aus im skandinavischen Fachwerkstil errichteten Ferienhäusern. Dank ausgeklügelter Hafenanlagen haben alle Häuser einen direkten Wasserzugang, die meisten einen eigenen Bootsanleger. Das „Wahrzeichen" der mit einem großen Hotel ergänzten Anlage ist der über eine originelle Brückenkonstruktion zugängliche 22 Meter hohe und farbenfrohe Leuchtturm.

Wir folgen der hier nicht ausgewiesenen *Hafendorfstraße* zunächst durch Wald bis zu einer Schranke. Rechts an der Hotelanlage **„Precise Resort Hafendorf Rheinsberg"** entlang kommen wir zur hier nicht ausgewiesenen *Hafenpromenade*. Über die erste nach rechts abzweigende Steganlage halten wir auf den weithin sichtbaren **Leuchtturm** zu, durchqueren diesen und erreichen vor dem einladenden **Badestrand** am **Rheinsberger See** die hier nicht ausgewiesene *Kaistraße*, auf der wir linkshaltend das Hafendorf verlassen. Wenige Meter vor der Bundestraße zweigen wir aus der *Kaistraße* nach rechts auf die asphaltierte *Reuterpromenade* – **Rheinsberg** ist erreicht. Auf dem kombinierten Fuß- und Radweg durchqueren wir ein Kleingartengelände. Nachdem wir die 1929 eröffnete **Seebadeanstalt „Am weißen Sand"** und die Anlegestellen einiger Bootsclubs passiert haben, führt der Weg am schilfgesäumten Ufer des **Grienericksee** entlang. Hinter einem weiteren Kleingartengelände gabelt sich der Weg, wir folgen der nach rechts abzweigenden gepflasterten Uferpromenade ins (touristische) Zentrum der Stadt. Linker Hand begleiten uns einige schöne Jugendstilvillen, rechter Hand liegen einige Bootsanlegestellen. Hinter dem **„Seehotel Rheinsberg“** (hauseigener, frei zugänglicher Seesteg) beginnt die „gastronomische Meile“ – **„Café Tucholsky“**, **Restaurant „Zum Fischerhof“** und das **Café-Restaurant „Seepavillon Rheinsberg“** bieten allesamt Gartenterrassen mit Seeblick. Mehr als einen Blick verdient die am **Anleger der Fahrgastschifffahrt** installierte **Skulpturengruppe „Odysseus“** des deutsch-französischen Holzbildhauers **Tony Torrilhon**.

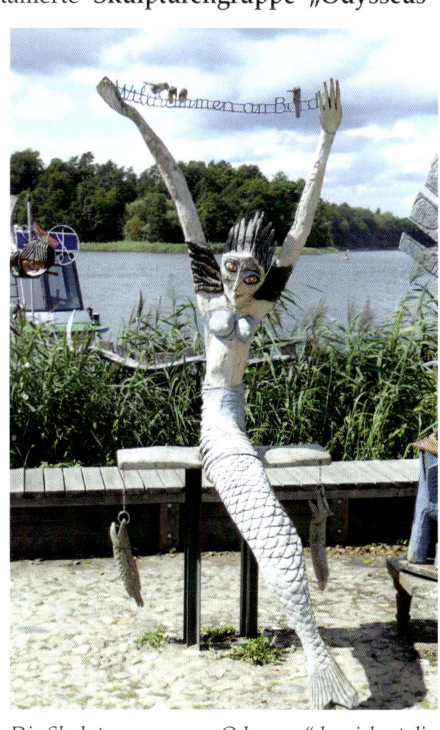

Die Skulpturengruppe „Odysseus“ bereichert die Rheinsberger Uferpromenade.

Auf der *Uferpromenade* erreichen wir schließlich den Schlossbezirk. Vor dem **Schlosstheater** überqueren wir den **Schlossgraben** und gelangen auf die **Schlossinsel**. Die sich vor dem **Schloss** zum **Grienericksee** hin ausbreitende kleine barocke Parkanlage ist kurz vor dem Tourenziel ein idealer Platz zum Schauen, Verweilen und Träumen... Wir verlassen die Insel mit Hilfe der über den **Rhin** (Schlossgraben) führenden **Billardbrücke** und gehen geradeaus in den **Schlossgarten**. Durch das **Orangerieparterre** gelangen wir auf die **Hauptallee**, kreuzen die **Querallee** und erreichen durch das **Gartenportal** den **Parkplatz Am Rosenplan**.

Menz – Von Moor zu Moor

Moore als „Übergänge zwischen Land und Wasser" gelten als einer der letzten naturnahen, durch Entwässerung und Torfabbau hochgradig gefährdeten Lebensräume in Mitteleuropa. Der im Naturschutzgebiet Stechlin rund um den Roofensee angelegte „Moor-Erlebnispfad" führt durch eine hügelige Waldlandschaft zu verschiedenen (Nieder-)Moorflächen. An fünf Stationen werden die Besonderheiten und Nutzungsformen der aufgesuchten Moortypen gezeigt und auf Informationstafeln erläutert.

Start/Ziel: Menz, Parkplatz am Friedensplatz
An-/Abfahrt mit öffentlichen Verkehrsmitteln: ab/bis Menz mit den OVG-(Schul-)Buslinien 839 (aus/in Richtung Fürstenberg/Havel) und 836 (in/aus Richtung Neuglobsow/Gransee)
Anforderungen: Anstrengende Rundwanderung auf gut begehbaren, unterschiedlich breiten Wald- und Uferwegen, eine kurze Straßenpassage, lückenlos markiert (verschiedene Symbole). Für Familien mit Kindern unter 12 Jahren bedingt geeignet.
Streckenlänge: 11,7 Kilometer
Anstiege/Abstiege: 100 Höhenmeter
Einkehr: keine
Karte: Rad-, Wander- & Gewässerkarte „Rheinsberger Seen, Großer Stechlin"
Sehenswertes: Dorfkirche, NaturParkHaus Stechlin und Dorfanger in Menz, „Moor-Erlebnispfad"

Im Zentrum des erstmals 1290 urkundlich erwähnten Dorfes **Menz** befindet sich der riesige, mit alten Linden bestandene parkartige **Dorfanger**. Rund um den heutigen **Friedenplatz** haben sich einige Hofanlagen aus dem 17. Jahrhundert erhalten. Deutlich älter ist die 1585 vollendete **Dorfkirche**. Der mehrfach umgestaltete und erweiterte Feld- und Backsteinbau besitzt im Inneren ein um 1900 eingefügtes hölzernes Tonnengewölbe. Aus dieser Zeit stammt die unspektakuläre Einrichtung. Das in der ehemaligen preußischen Oberförsterei untergebrachte **NaturParkHaus Stechlin** fungiert als Besucher- und Informationszentrum des **Naturparks Stechlin-Ruppiner Land**. „Erleben, entdecken, anfassen" – auf unterhaltsame, spielerische und verständliche Art und Weise wird kleinen und gro-

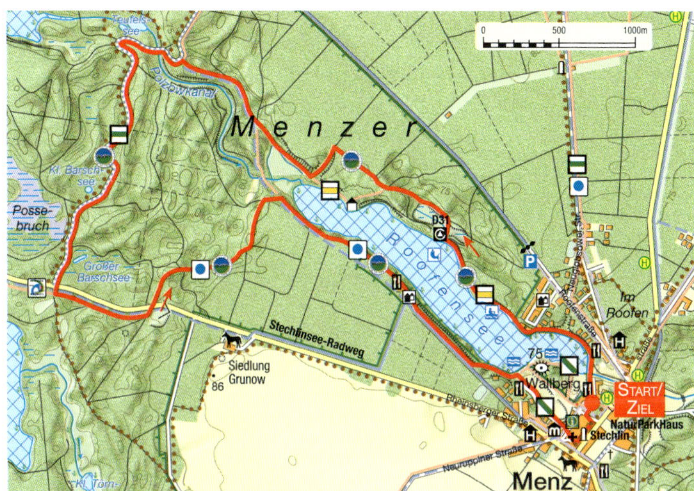

ßen Besuchern die Faszination der Natur- und Kulturlandschaft des Naturparks nahegebracht (beide *Kirchstraße*). In einem durch behutsame Sanierung noch vollständig erhaltenen Brandenburger Vierseithof (um 1900) hat die Malerin **Sabine Dietrich** den **„Künstlerhof Roofensee"** eröffnet. Die riesige Hofanlage ist ein paradiesisch anmutendes Garten-Kunstwerk, in der Kunstscheune gibt es neben wechselnden Ausstellungen ein empfehlenswertes Restaurant-Café und für Urlauber stehen sechs Appartements zur Verfügung *(Berliner Straße)*.

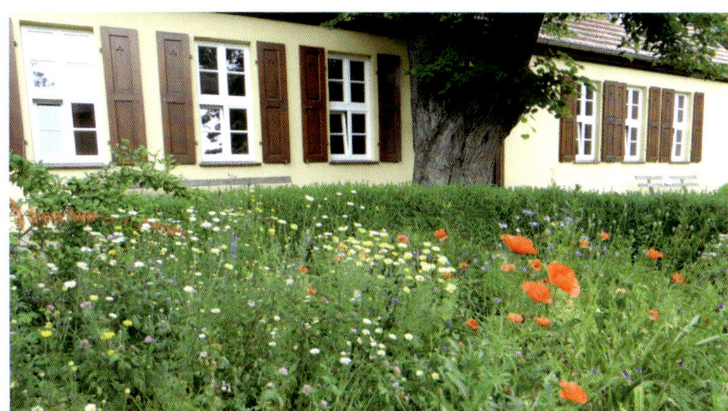

Das NaturParkHaus Stechlin in Menz

Vom **Parkplatz am Friedensplatz** folgen wir dem vorzüglich markierten **„Moor-Erlebnispfad"** über den **Friedensplatz** hinweg (Beginn der Markierung *blau-grüner Punkt mit Inschrift „moor"* sowie kleine *rote Holzpfeile*) zur geschotterten, leicht abwärts führenden Straße *Am Roofensee*. An deren Ende überqueren wir den **Polzowkanal** (→ S. 68) und gelangen links an einer Wiese entlang zu einer Steganlage an dem unter Naturschutz stehenden **Roofensee**. Der bis zu 19 Meter tiefe, langgestreckte und fast lückenlos von Wald umsäumte See bedeckt eine Fläche von etwa 55 Hektar. Sein Zu- und Abfluss wird über den **Polzowkanal** geregelt.

Nachdem wir die sich am bewaldeten Hang ausbreitende Ferienhauskolonie und die zu den Häusern gehörenden zahlreichen Bootsstege passiert haben, wandern wir auf einem schmalen Uferweg zum **„Naturcampingplatz am Roofensee e.V."** Rechts an diesem entlang gelangen wir über eine Treppe und einen Steg zur ersten Station des **„Moor-Erlebnispfads"**.

Der **Grubitzwisch** ist ein 3,8 Hektar großes und bis zu 4,25 Meter tiefes Moor, das nach der Verlandung eines Nebenbeckens des Roofensees entstanden ist. Durch einen von Menschen geschaffenen, zum See führenden Graben entwässert, wurde das Moor zur Feuchtwiese und als solche zur Gewinnung von Heu genutzt. Als es dafür keinen Bedarf mehr gab, wurde der Graben 2002 verschlossen und das Moor wieder vernässt. Derzeit befindet sich der Grubitzwisch auf dem Weg von einer Feuchtwiese zurück zum Moor.

Aus der Niederung tauchen wir ein in die von Kiefern dominierte **Menzer Heide**. Mit mehreren Richtungswechseln und auf unterschiedlichen Waldwegen gelangen wir über eine Geländekuppe hinweg zurück an den **Roofensee** – genauer: in Sichtweite seiner nordwestlichen Bucht. Auf einem Waldweg erreichen wir mit der sich am Fuß eines bewaldeten Hanges ausbreitenden **Schleusenwiese** die zweite Station des **„Moor-Erlebnispfads"**.

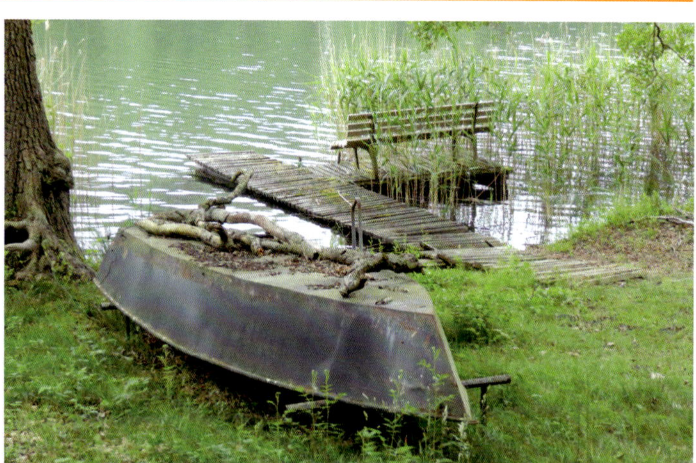

Stillleben am Roofensee

Die 2,7 Hektar große und mehr als sieben Meter tiefe **Schleusenwiese** gehört zum äußeren Verlandungsbereich des Roofensees. Die durch Entwässerungsgräben entstandene Feuchtwiese diente der Heugewinnung und wurde regelmäßig gemäht. Heute erfolgt die Mahd einmalig im Spätsommer. Durch die extensive Nutzung kann der deutschlandweit gefährdete Biotoptyp Feuchtwiese erhalten und damit der Lebensraum von zahlreichen Pflanzen- und Tierarten gesichert werden.

Am Ende der Wiese folgen wir einem breiten Waldweg durch ein hügeliges Mischwaldgelände, passieren einen in einem Feuchtgebiet liegenden „Baumfriedhof" und erreichen einen feldsteingepflasterten Fahrweg. Auf diesem überqueren wir den durch ein schmales Tal fließenden **Polzowkanal** und erreichen nach kurzer Wegstrecke die dritte Station des **„Moor-Erlebnispfads"**.

Das 0,25 Hektar kleine und bis zu 3,45 Meter tiefe **Kesselmoor bei Dietrichs Teerofen** ist auf einem Verlandungsmoor aufgewachsen. Die Vegetationsdecke des sauren und nährstoffarmen Moores wird überwiegend von Torfmoosen gebildet, die enorme Wassermengen speichern können und sich wie ein Schwamm ausdrücken lassen.

Im Moorkessel bilden sie eine „schwingende“ Decke, die zur eigenen Sicherheit nicht betreten werden sollte.

Auf dem abschnittsweise feldsteingepflasterten Fahrweg wandern wir durch eine sanft hügelige Waldlandschaft, passieren den **Possebruch**, ein ausgedehntes Feuchtgebiet mit Status „Naturentwicklungsgebiet“, sowie ein „kleines Moor als Kriegsrelikt“ und gelangen auf einem Bohlenweg zur vierten Station des **„Moor-Erlebnispfads“**.

Der 5,8 Hektar große und bis zu 8,2 Meter tiefe **Große Barschsee** ist ein echtes Kesselmoor, das auf einem Verlandungsmoor aufgewachsen ist. Von dem ehemals vorhandenen größeren See ist noch ein Restgewässer, der Moorkolk, vorhanden. Da in diesem Moor der Wachstumsprozess weitgehend abgeschlossen ist, hat sich auf seiner überwiegenden Fläche ein Wald aus Birken und Kiefern angesiedelt. Einzig die Schwingrasen um den Moorkolk bilden weiterhin Torf.

Nach einer kurzen, spürbar ansteigenden Wegstrecke auf dem straßenbegleitenden Radweg der Landesstraße *(L 15)* überwinden wir auf einem breiten Waldweg einen Höhenrücken und

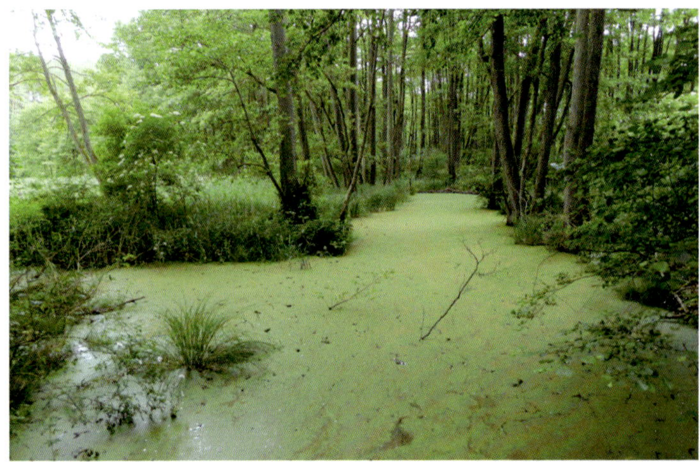

Verlandungszone „Bruch am Roofensee“

kommen, immer auf dem Hauptweg bleibend, durch ein sanft hügeliges Kiefernwaldgebiet zu einer **Verteilerstation der „Netzgesellschaft Berlin-Brandenburg"**. Dort folgen wir einem breiten Fahrweg für wenige Meter nach rechts zu einer Wegverzweigung. Hier verlassen wir den (nun abseits des Seeufers entlangführenden) **„Moor-Erlebnispfad"** und zweigen auf den nach links abwärts führenden Forstweg. Wir befinden uns nun auf dem ab hier erheblich reizvolleren **„Wald- und Wassererlebnispfad"** (Markierung *blauer Punkt* sowie kleine *blaue Holzpfeile*). Diesen verlassen wir nach etwa 100 Metern mit *Wegweisung Menz* nach rechts und erreichen leicht abwärts vor der Brücke über den **Polzowkanal** die fünfte und letzte Station des **„Moor-Erlebnispfads"**.

Der am westlichen Ende des Roofensees liegende, mehr als acht Meter tiefe **Bruch am Roofensee** zeigt die unmittelbare Verlandungszone des Sees. Jahreszeitliche Wasserschwankungen kennzeichnen den Standort. Schwarzerlen gehören zu den wenigen heimischen Baumarten, die sich unter solchen Extrembedingungen behaupten können. In feuchten Zeiten scheint der Erlenbruchwald auf Stelzen zu stehen.

Nachdem wir den Erlenbruchwald hinter uns gelassen haben, kommen wir zurück an den **Roofensee**. Auf einem in leichtem Auf und Ab durch den bewaldeten Steilhang führenden Uferweg erreichen wir das am Fuß des geschichtsträchtigen **Wallbergs** liegende **Strandbad**, von dem sich uns eine weitreichende Sicht über den **Roofensee** bietet (Ende der Markierung *blauer Punkt*).

Rechtshaltend steuern wir ein braunes Ferienhaus an und folgen links an diesem vorbei dem hier nicht ausgewiesenen *Wiesenweg*. Einen bewaldeten Hang, in dem zahlreiche Ferienhäuser stehen, zur Rechten, ausgedehntes Wiesengelände zur Linken begleiten uns zurück nach **Menz**. Wir münden in die hier nicht ausgewiesene *Seestraße*, folgen dieser für wenige Meter nach rechts, erreichen linkshaltend auf einem Pflasterweg die Straße *Schulplatz*, umrunden die **Kirche** und gelangen mit der *Kirchstraße* am **NaturParkHaus Stechlin** vorbei zurück zum **Parkplatz am Friedensplatz**.

Neuglobsow – Rund um den Großen Stechlinsee

In der Mecklenburgisch-Brandenburgischen Kleinseenplatte gibt es keinen See vergleichbarer Größe, der wie der Große Stechlinsee vollständig und ohne nennenswerte Unterbrechungen ufernah umwandert werden kann. Keine Uferbebauung, prächtiger Buchenwald ringsum, einladende Badebuchten mit flachen Stränden und ein immer noch weltabgeschiedener Ausgangsort - der „Stechlin" begeistert(e) nicht nur Theodor Fontane, der dem See und seiner Umgebung in seinem 1899 erschienenen gleichnamigen Roman ein literarisches Denkmal gesetzt hat.

Start/Ziel: Neuglobsow, Parkplatz 2 Stechlinseestraße (gebührenpflichtig)
An-/Abfahrt mit öffentlichen Verkehrsmitteln: ab/bis Neuglobsow mit der OVG-Buslinie 839 (aus/in Richtung Fürstenberg)
Anforderungen: Lange, anstrengende Rundwanderung auf abschnittsweise wurzeligen Wald- und Uferwegen, durchgängig markiert (nacheinander Rot-, Grün- und Blaustrich). Für Familien mit Kindern unter 12 Jahren nicht geeignet.
Streckenlänge: 17,7 Kilometer
Anstiege/Abstiege: 140 Höhenmeter
Einkehr: außerhalb von Neuglobsow „Fischerei Stechlinsee"
Karte: Rad-, Wander- & Gewässerkarte „Rheinsberger Seen, Großer Stechlin"
Sehenswertes: Glasmacherhaus, Fontanehaus, Landhaus Labes, Adventskirche und Skulpturenrundweg in Neuglobsow

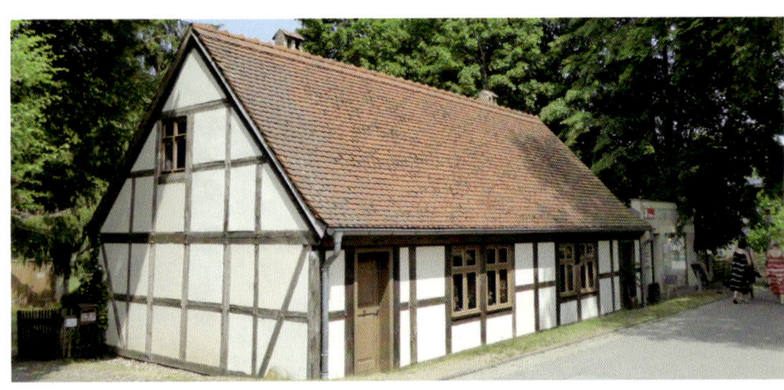

Das Glasmuseum in Neuglobsow

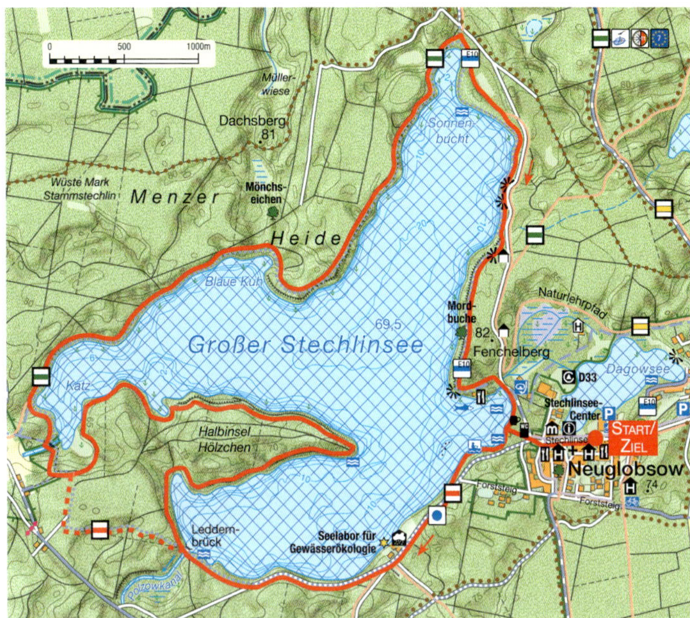

Das ehemalige Dorf **Neuglobsow** entstand 1780 im Zusammenhang mit der Eröffnung einer Glashütte. Bis 1890 wurde hier grünes Glas, das „Waldglas", in Form von Flaschen und Glasballons produziert. Über diese Zeit informiert das **Glasmuseum**, das in einem über 230 Jahre alten, langgestreckten Fachwerkbau, in dem einst zwei Glasmacherfamilien lebten, eingerichtet wurde. Zwei weitere, gut erhaltene Glasmacherhäuser sind das **Haus Heimatliebe**, das weiterhin als Wohnhaus dient, und das **Fontanehaus**, das heute als Gaststätte genutzt wird. Spezialität des Hauses ist der „Fontaneschmaus" – unter der prächtigen Linde im Garten soll der Schriftsteller während seiner Besuche gesessen haben. Neben den einfachen Glasmacherhäusern gibt es in Neuglobsow eine Reihe repräsentativer Gründerzeitvillen: Anfang des 20. Jahrhunderts zog es nicht zuletzt wegen der sauberen Luft wohlbetuchte Großstädter in die Sommerfrische an den Großen Stechlinsee. Seitdem entwickelte sich das weltabgeschiedene Dorf zu einem Ferienort, der sich seit 2008 „staatlich anerkannter Erholungsort" nennen darf. Ein besonders schönes Exemplar der Gründerzeitvillen ist das **Landhaus Labes**, das nach umfangreichen Sanierungen drei Ferienwohnungen bereithält. Der parkähnliche, verwunschene Garten ist gleichzeitig ein Ausstellungsort für die zahlreichen, vom (ehemaligen) Hausherren **Wolfgang Schmolke** geschaffenen originellen Betonskulpturen und allerlei skurrile Dinge (alle *Stechlinseestraße*). Die kleine **Adventskirche** entstand 1951/52 auf dem ehemaligen Grundstück des Herrenhauses einer Glashüttendynastie. Der teilweise aus Feldsteinen errichtete schlichte Bau wird für Gottesdienste sowie für Konzerte und Ausstellungen genutzt *(Glashüttenweg)*. Um den Dagowsee, den Neuglobsower „Dorfteich", führt ein 4,5 Kilometer langer **Skulpturenrundweg**. An dem Weg stehen elf Skulpturen, die internationale Künstler im Rahmen zweier Symposien in Kunsterspring (2014/16) aus dem Naturmaterial Holz geschaffen haben.

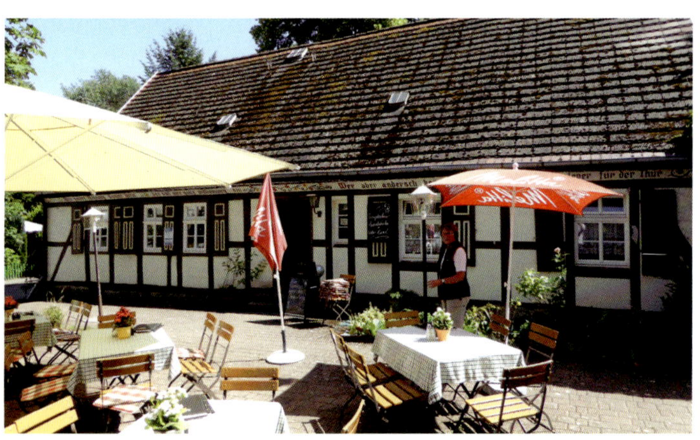

Im „Fontanehaus" lässt es sich gut entspannen.

Vom **Parkplatz 2** folgen wir der hier nicht ausgewiesenen *Stechlinseestraße* nach rechts. Auf einem abwechslungsreichen Dorfbummel präsentieren sich uns die meisten Sehenswürdigkeiten des Ortes: das **Landhaus Labes**, die **Adventskirche**, das **Fontanehaus**, das **Glasmuseum** und das **Haus Heimatliebe** sowie die zwischen diesen verteilten Skulpturen **„Libelle"**, **„Gaukler"**, **„Königin der Nacht"** und **„Transformation"**. Vom Ortsrand erreichen wir durch ein kurzes Waldstück den beliebten Badestrand am **Stechliner See**. Die Skulptur **„Mexxie III"** sorgt hier für klare Verhältnisse hinsichtlich der Kleiderordnung.

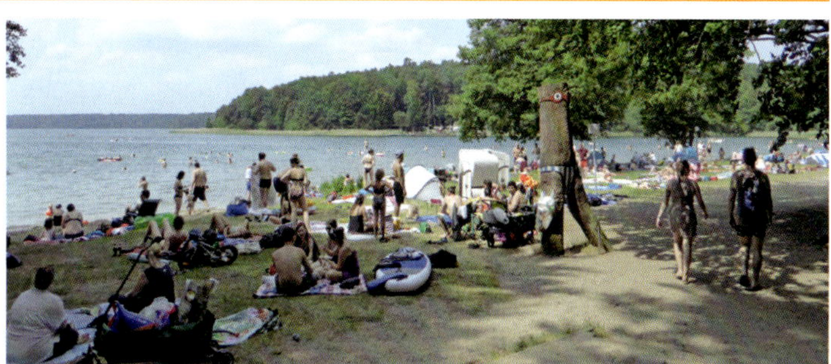

Am Neuglobsower Badestrand kann es an schönen Tagen schon einmal „eng" werden.

Mit einer Fläche von gut vier Quadratkilometern zählt der in eine flachhügelige Endmoränenlandschaft eingebettete **Große Stechlinsee** zu den „Großen" der Kleinseenplatte. Der maximal 69,5 Meter tiefe See gehört zu den klarsten Gewässern Deutschlands – Sichtweiten von durchschnittlich sechs und maximal 13 Metern machen ihn zu einem beliebten Tauchrevier. Das reiche Vorkommen der (Kleinen) Maräne, einem lachsartigen Fisch, gilt als Gradmesser für einen guten Gewässerzustand. Auf dem Seegrund erstrecken sich weitläufige Wiesen von Armleuchteralgen – ein ideales Revier für zahlreiche Fischarten. Der überwiegend von Buchenwald umsäumte, buchtenreiche See entwässerte bis 1745 über das Polzowfließ, danach über den Polzowkanal in den Nehmitzsee. Der See ist ein Teilgebiet des über 86 Quadratkilometer großen **Naturschutzgebietes Stechlin.**

Vom Strand links haltend folgen wir einem breiten Wanderweg durch prächtigen Buchenwald zum nahen Bootsverleih (Beginn der anfänglich lückenhaften *Rotstrich-Markierung*). Vom danach ufernahen Weg bieten sich schöne Ausblicke auf die Halbinsel **Hölzchen**, die den westlichen Teil des Sees in zwei große Buchten teilt. Vor einem Zaun wendet sich der Weg vom See „landein" und mündet in die Zufahrt der **Luftmessstation Neuglobsow**, einer Außenstelle des Umweltbundesamtes, und des seit mehr als 50 Jahren hier ansässigen **Leibnitz-Instituts für Gewässerökologie und Binnenfischerei**. Dank der Arbeit mehrerer Wissenschaftler-Generationen gilt der **Große Stechlinsee** als der bundesweit am umfassendsten untersuchte See. Nachdem wir die Gebäudegruppe passiert haben, gelangen wir mit *Wegweisung Leddernbrück* zurück ans Seeufer. Auf einem breiten Waldweg queren wir den zum See abfallenden Uferhang, halten uns bei einer Wegverzweigung rechts und erreichen auf Seehöhe die den **Polzowkanal** überspannende **Leddernbrück**.

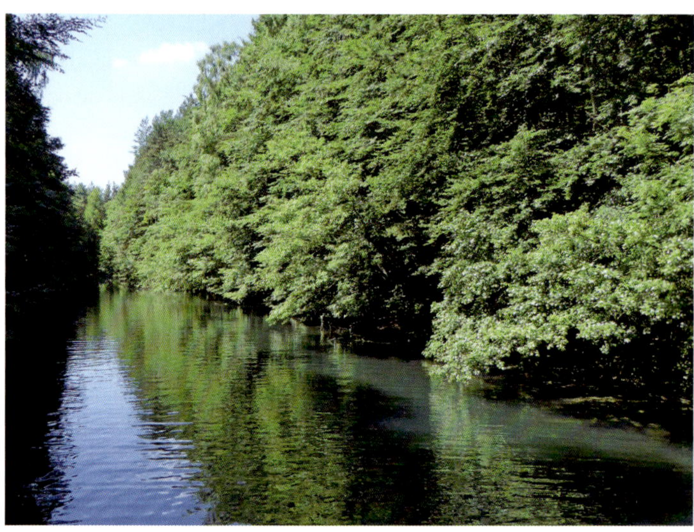

Der Polzowkanal

Der **Polzowkanal** wurde 1745 durch den Ausbau des Polzowfließes zum Zwecke der Flößerei angelegt. Er verläuft vom Großen Stechlinsee über den Nemitzsee und den Roofensee zum Kleinen und Großen Wentowsee, der seinerseits durch den Wentowkanal mit der Havel verbunden ist. Nach 40 Jahren war die Flößerei auf dem Polzowkanal Geschichte. Seit den 1990er-Jahren wird der mittlerweile verschlammte Kanal renaturiert. So wurden bis 2000 sieben Mäander des alten Polzowfließes wiederhergestellt. Zahlreiche Tier- und Pflanzenarten haben sich hier wieder angesiedelt.

Nach der Überquerung des **Polzowkanals** teilt sich der Weg. Wir folgen dem nach rechts abzweigenden Weg auf die Halbinsel **Hölzchen**. Wer auf deren Umrundung verzichten möchte, orientiert sich mit *Wegweisung Rundwanderweg Stechlinsee* geradeaus (Ersparnis 3,5 Kilometer).

Wir befinden uns nun in einem Naturentwicklungsgebiet. Tafeln klären uns auf: „In diesem Naturwald entsteht der Urwald von morgen." Auf dem an der südlichen Bucht entlangführenden weitgehend ebenen, abschnittsweise wurzeligen Uferweg erreichen wir den östlichsten Punkt der Halbinsel. Eine Bank, eine kleine Badestelle und viel Aussicht - ein idealer Rastplatz! Der ufernahe, nun an der nördlichen Bucht entlangführende „Rückweg" endet an einem ausgedehnten Feuchtgebiet. An dessen Rand stoßen wir auf einen breiten Querweg, dem wir mit *Wegweisung Rundwanderweg Stechlinsee* nach rechts folgen (von links kommt die Abkürzungsvariante). Nach wenigen Metern überqueren wir mit Hilfe einer Holzbrücke den **Auslaufkanal** des ehemaligen **Kernkraftwerkes Rheinsberg**.

Auf einer Landenge zwischen dem Großen Stechlinsee und dem Nehmitzsee wurde zwischen 1960 und 1966 das **Kernkraftwerk Rheinsberg** errichtet. Nach knapp 25 Betriebsjahren erfolgte 1990 seine Stilllegung, 1995 begann sein Rückbau (geplante Beendigung 2035). Während der Betriebszeit funktionierte die Kühlwasserversorgung des Kraftwerkes als Kreislauf: Über einen neugeschaffenen Einlaufkanal wurde Wasser aus dem Nehmitzsee entnommen, nach der Kühlung über einen Auslaufkanal in den Großen Stechlinsee geleitet. Durch den Polzowkanal erfolgte der Rückfluss in den Nehmitzsee. Die dabei eintretende Erwärmung hatte Folgen für Flora und Fauna beider Seen.

Gut 50 Meter hinter der Brücke halten wir uns mit der bekannten Wegweisung rechts (Ende der *Rotstrich-Markierung*, Beginn der *Grünstrich-Markierung*). An dieser Stelle befand sich einst das um 1500 wüst gefallene mittelalterliche **Dorf Stechlin**. Am Rand der hügeligen **Menzer Heide** wandern wir auf einem breiten, abschnittsweise wurzeligen Uferweg mit wechselnden Seeblicken zur schilfumsäumten **Nordbucht**. Der auch **„Sonnenbucht"** genannte Seeabschnitt bietet zahlreiche idyllisch gelegene Badestellen. Am nördlichsten Punkt des Sees halten wir uns rechts, umgehen ein Feuchtgebiet und erreichen eine Wegteilung.

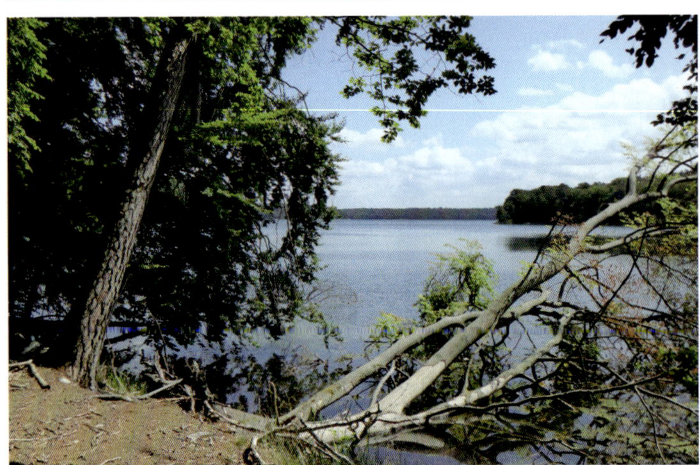

Am wilden Ufer des Großen Stechlinsees.

Hier folgen wir der *Wegweisung Neuglobsow* geradeaus (Ende der *Grünstrich-Markierung*, Beginn der *Blaustrich-Markierung*). Am Fuß des nur eine eingeschränkte Aussicht bietenden **Fenchelberges** gelangen wir auf dem ufernahen Weg zur **„Fischerei Stechlinsee"**. Diese wird seit 1948 von der Familie Böttcher („Fischerfamilie in 7. Generation") betrieben. Der auf dem Betriebsgelände angesiedelte kleine, aber feine Fischimbiss bietet ein vielfältiges Angebot an gebackenem, geräuchertem und sauereingelegtem Fisch - aus dem See „fangfrisch" auf den Teller!

Auf dem hier nicht ausgewiesenen *Fischerweg* erreichen wir auf Höhe der **„Tauchbasis Stechlin"** eine Wegkreuzung. Dort rechts haltend sind es nur noch wenige Meter bis zum beliebten **Neuglobsower Badestrand** (Ende der *Blaustrich-Markierung*). Auf der *Stechlinseestraße* bummeln wir zunächst durch ein kurzes Waldstück, dann durch den Ort zurück zum **Parkplatz 2**. Neben den vom Hinweg bereits „bekannten" Sehenswürdigkeiten sollten wir nun auch das kulinarische Angebot beachten: **Gaststätte-Pension „Fontanehaus"**, **Hotel-Restaurant „Luisenhof"**, **„Café Glasklar am Stechlinsee"**…

Großmenow – Sechs-Seen-Wanderung durch stille Wälder

Unweit des Touristenmagneten Großer Stechlinsee liegt ein stilles, wenig beachtetes Wald- und Seengebiet, das sich von der weltabgeschiedenen Siedlung Großmenow unbeschwert durchstreifen lässt.

Start/Ziel: Großmenow, Parkplatz an der Badestelle Ellbogensee/Großmenower Straße
An-/Abfahrt mit öffentlichen Verkehrsmitteln: ab/bis Großmenow mit der OVG-(Schul-)Buslinie 848 (in/aus Richtung Fürstenberg/Havel)
Anforderungen: Wenig anstrengende Rundwanderung auf breiten Wald-, Forst- und Feldwegen, zwei kurze Straßenpassagen, abschnittsweise markiert (Gelbstrich/Blaustrich). Für Familien mit Kindern unter 12 Jahren bedingt geeignet.
Streckenlänge: 10,8 Kilometer
Anstiege/Abstiege: 110 Höhenmeter
Einkehr: keine
Karte: Rad-, Wander- & Gewässerkarte „Wesenberg, Neustrelitz"
Sehenswertes: Zwiebelfeld

Vom kleinen **Parkplatz an der Badestelle Ellbogensee** folgen wir der gepflasterten *Großmenower Straße* nach links aus dem 1723 als Vorwerk gegründeten Kolonistendorf **Großmenow** hinaus und in einen Mischwald hinein.

Der gut 5,5 Kilometer lange **Ellbogensee**, der seinen Namen seiner markanten Form verdankt, besteht aus drei Becken. Das maximal 17 Meter tiefe Nordbecken ist Bestandteil der Müritz-Havel-Wasserstraße, die hier in die Obere Havel-Wasserstraße „einmündet", zu der das Nord-Süd-Becken und das Südbecken gehören.

Auf dem alten *Postweg* überwinden wir einen deutlich ausgeprägten bewaldeten Höhenzug, passieren ein Feuchtgebiet und gelangen aus dem Wald auf das **Zwiebelfeld**.

Die riesige, von Wald umsäumte blumenreiche Wiesenfläche durchqueren wir zunächst durch eine Obstbaumallee. Auf Höhe

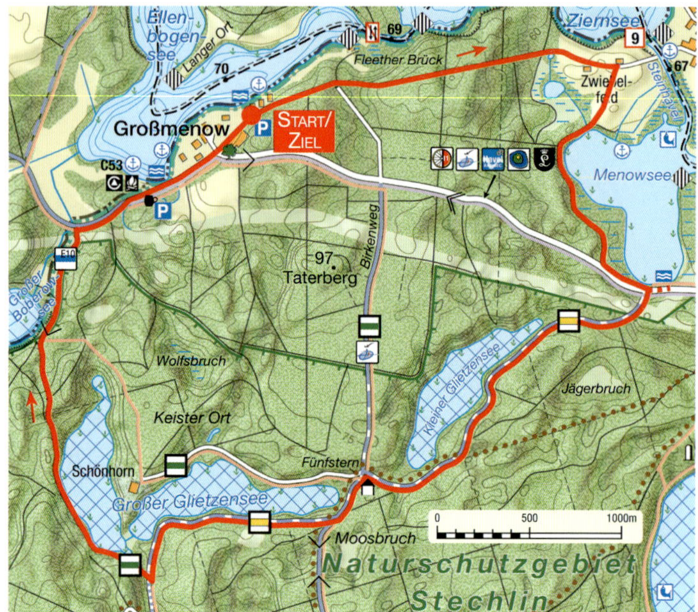

eines Ferienhauses führt ein sehr reizvoller, für die Öffentlichkeit gesperrter Privatweg an das nahe Ufer des **Ziernsees**. Wie seine Nachbarn gehört dieses gut einen Quadratkilometer große Gewässer zur Bundeswasserstraße Obere Havel-Wasserstraße. Vor einem weiteren Wohngebäude folgen wir mit *Wegweisung Steinförde* einem nach rechts abzweigenden Fahrweg, auf dem wir zurück in den Wald gelangen. Linker Hand begleitet uns anfänglich der **Menowsee**, später ein sich an dessen Ufer ausbreitendes Feuchtgebiet. Der Weg mündet in eine schmale Asphaltstraße, der wir nach links folgen. Nach etwa 300 Metern zweigt nach rechts ein Forstweg ab. Auf den kurzen Abstecher Richtung **Steinförde** zur nahe gelegenen, gut ausgestatteten Badestelle am **Menowsee** sollten wir allein wegen der weitreichenden Sicht über den 35 Hektar großen See nicht verzichten.

Zurück am Abzweig folgen wir mit *Wegweisung Neuglobsow* einem leicht ansteigenden Forstweg. Nach wenigen Metern queren wir eine Stromtrasse und gelangen danach in das **Naturschutzgebiet Stechlin**. In leichtem Auf und Ab wandern wir durch ein hügeliges Mischwaldgebiet (Beginn der spärlichen *Gelbstrich-*

Markierung). Rechter Hand begleitet uns alsbald der in einer Talmulde liegende **Kleine Glietzensee**. Der zu- und abflusslose Waldsee bedeckt eine Fläche von etwa 20 Hektar. Am einladenden **Rastplatz Fünfstern** stoßen wir auf eine an dieser Stelle asphaltierte Fahrradstraße, der wir mit *Wegweisung Stechlinsee Nordbucht* nach links folgen. Nach gut 200 Metern verlassen wir die Fahrradstraße mit gleicher Wegweisung nach rechts. Auf einem breiten, leicht welligen Waldweg begleiten wir den rechter Hand in einer Talsenke liegenden östlichen Teil des **Großen Glietzensees** bis zur Wasserentnahmestelle.

Der vollständig schilfumsäumte **Große Glietzensee**, der eine Fläche von 40 Hektar bedeckt, besteht aus zwei etwa flächenmäßig gleich großen Becken, dem West- und dem Ostbecken. Die beiden maximal 15 Meter tiefen Becken werden durch eine überwachsene Schwelle voneinander getrennt. Der zu- und abflusslose Waldsee besitzt eine artenreiche Unterwasserpflanzenwelt, die zahlreichen Fischarten gute Einstände und Ernährungsmöglichkeiten bietet.

Hier trennen wir uns vorübergehend vom See. Nach wenigen Metern setzen wir unsere Wanderung mit *Wegweisung Großer Boberowsee* scharf rechts haltend auf einem Forstweg fort (Ende der *Gelbstrich-Markierung*, Beginn der spärlichen *Blaustrich-Markierung*). In leichtem Bergauf, Bergab begleiten wir zunächst den rechter Hand am Hangfuß liegenden westlichen Teil des **Großen Glietzensees**. Wir überwinden eine deutlich ausgeprägte Kuppe und gelangen unweit des etwa 20 Hektar großen, schilfumsäumten **Großen Boberowsees** zu einer Wegkreuzung. Mit *Wegweisung Großmenow* setzen wir unsere Wanderung geradeaus fort. In weiterhin leichtem Auf und Ab führt uns der Weg durch Misch- und Kiefernwald zur hier nicht ausgewiesenen *Großmenower Straße* (Ende der *Blaustrich-Markierung*). Dieser folgen wir mit *Wegweisung Großmenow* nach rechts und verlassen das **Naturschutzgebiet Stechlin**. Mit dem **„Naturcamping Ellbogensee"** erreichen wir das angezeigte Straßendorf. An einigen Ferienhäusern und dem komplett sanierten 140 Jahre alten Gutshaus, dem heutigen **„Kastanienhof"**, vorbei gelangen wir auf der gepflasterten Dorfstraße zum **Parkplatz an der** (einladenden) **Badestelle Ellbogensee**.

Fürstenberg/Havel – Mit der Havel durch das Fürstenberger Seenland

Der erweiterte „Röblinsee-Rundwanderweg“ führt nicht nur durch die landschaftlich reizvolle Fürstenberger Wasserwelt, er bietet auch zahlreiche interessante Sehenswürdigkeiten am Wegesrand.

Start/Ziel: Fürstenberg/Havel, Parkplatz am Bahnhof
An-/Abfahrt mit öffentlichen Verkehrsmitteln: ab/bis Fürstenberg/Havel mit der UVG-Buslinie 517 (aus/in Richtung Lychen/Templin), mit der OVG-Buslinie 839 (aus/in Richtung Neuglobsow/Menz) sowie mit der Bahnlinie RE 5 (in/aus Richtung Neustrelitz)
Anforderungen: Anstrengende Rundwanderung auf gut begehbaren Wald- und Ufer- sowie verkehrsarmen Fahrwegen, zwei längere Straßenpassagen, der eigentliche „Röblinsee-Rundwanderweg“ ist durchgängig, aber lückenhaft markiert (Grünpunkt). Für Familien mit Kindern unter 12 Jahren nicht geeignet.
Streckenlänge: 15,2 Kilometer
Anstiege/Abstiege: 120 Höhenmeter
Einkehr: außerhalb von Fürstenberg/Havel keine
Karte: Rad-, Wander- & Gewässerkarte „Fürstenberg/Havel, Lychen“
Sehenswertes: Marktplatz, Stadtkirche, Fisch-Kanu-Pass, Röblinseesiedlung, Schleuse, Havelpark, Technisches Denkmal Eisenbahnfähre in Fürstenberg/Havel, Mühlenensemble in Steinhavelmühle

Das Stadtzentrum von **Fürstenberg/Havel** erstreckt sich auf drei Inseln, die von Schwedtsee, Baalensee und Röblinsee umschlossen und von der diese verbindenden Havel in vier Läufen durchflossen wird. Dank des Gewässerreichtums darf sich der Luftkurort seit 2002 offiziell und geschützt **„Wasserstadt Fürstenberg/Havel“** nennen.

Auf dem **Großen Werder**, der größten Insel, liegt die Altstadt des erstmals 1287 urkundlich erwähnten Ortes. Nach den verheerenden Stadtbränden von 1797 und 1807 wurde ein Teil der Altstadt unter Federführung von **Friedrich Wilhelm Dunckelberg** (1773–1844) in einem rechtwinkligen Straßenraster neu angelegt. Im Zentrum der Neuanlage befindet sich der von klassizistischen Bürgerhäusern umrahmte große **Marktplatz**, der 2000/1 aufwändig umgestaltet wurde. Auf dem oberen Bereich des Platzes erhebt sich die freistehende, weithin sichtbare **Stadtkirche** (1845–48). Der kreuzförmige, am italienischen Rundbogenstil orientierte Backsteinbau ist ein Werk des Schinkel-Schülers **Friedrich-Wilhelm Buttel** (→ S. 7). Besonders imposant ist die zum unteren Marktplatz ausgerichtete dreigliedrige und dreigeschossige Ostfassade, auf deren höherem Mittelteil der schlanke Turmaufsatz mit seinem Spitzhelm gründet. Im Schatten des 50 Meter hohen Kirchturms steht das dreigeschossige **Rathaus** (1870–99). Über die bewegte Stadtgschichte informiert die **Heimatkundliche Ausstellung**, die im Gebäude der Touristinformation, einem Anfang des 19. Jahrhunderts erbauten Wohn-

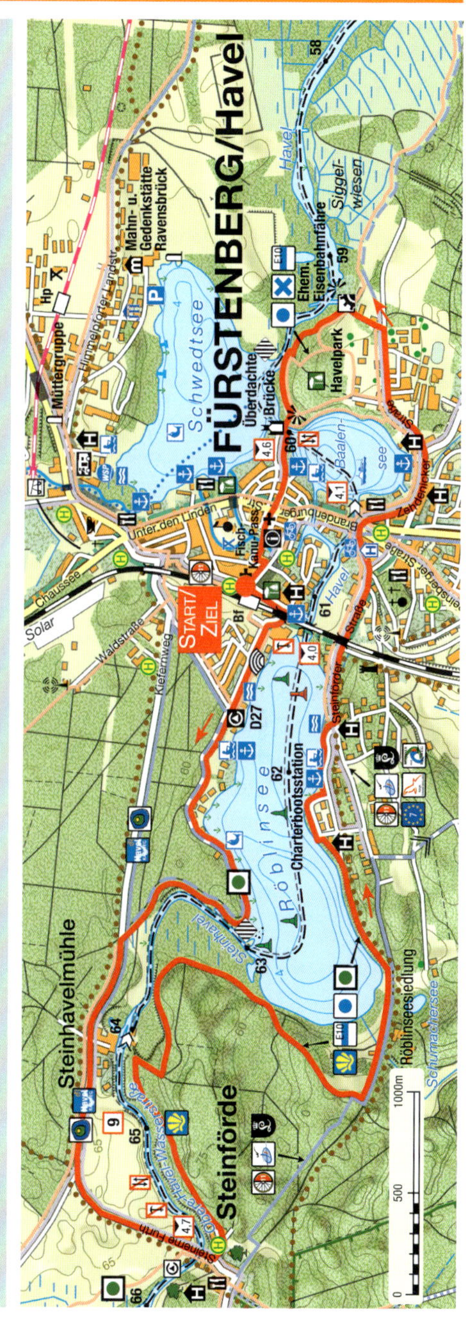

haus, eingerichtet ist (alle *Markt*). Zu den ältesten Gebäuden der Stadt gehört die noch in Teilen erhaltene **Burg Fürstenberg.** Die erstmals 1333 erwähnte, im 16. Jahrhundert als Vierflügelanlage ausgebaute Burg, die ursprünglich von allen Seiten von Wasser umgeben war, wurde nach einem Brand Anfang des 18. Jahrhunderts neu errichtet. Bis 1978 als Schule genutzt wartet der stark sanierungsbedürftige Gebäudekomplex heute auf eine neue Verwendung *(Brandenburger Straße)*.

Auf der kleinen nördlichen Insel, dem **Mühlenkamp**, steht das **Schloss Fürstenberg.** Der als Witwensitz für die Mecklenburg-Strelitzer **Herzogin Dorothea Sophie** (1692–1765) errichtete dreiflügelige Barockbau (1741–52) kann nach dem Ableben der Erstbewohnerin auf eine sehr abwechslungsreiche Nutzungsgeschichte zurückblicken. Nach jahrlangem Leerstand soll das mittlerweile sanierungsbedürftige Gebäude in den kommenden Jahren umfassend renoviert und zu Wohnzwecken umgenutzt werden *(Unter den Linden)*.

Vom **Parkplatz am Bahnhof Fürstenberg/Havel** gelangen wir links am Bahnhofgebäude entlang mit *Wegweisung Steinhavelmühle* in die *Schützenstraße* (Beginn der *Grünpunkt-Markierung*). Auf dieser unterqueren wir rechts haltend die Trasse der 1877/78 eröffneten **Berliner Nordbahn** (Berlin–Stralsund). Rechts an der Ruine des gewaltigen Mühlenkomplexes und an einigen hübschen Jugendstilvillen entlang kommen wir zur **Festwiese** mit dem **Stadtbad** am **Röblinsee**.

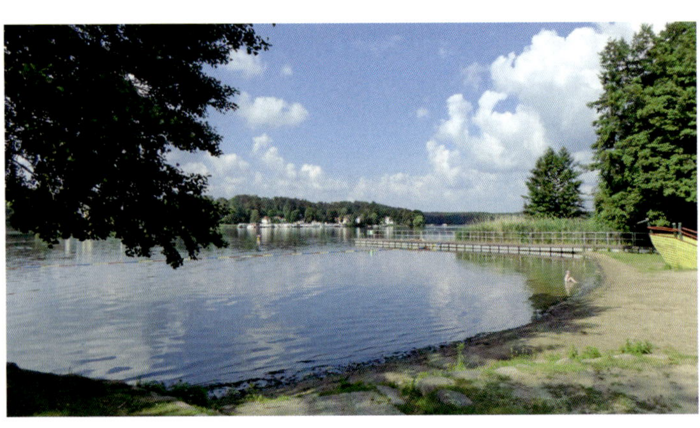

Stadtbad am Röblinsee

Der etwa zwei Kilometer lange und bis zu 500 Meter breite **Röblinsee** ist der flächenmäßig größte der Fürstenberger Seen. Der von der Havel durchströmte See ist wie seine beiden „Nachbarn“ Bestandteil der Bundeswasserstraße Obere-Havel-Wasserstraße.

Auf Höhe des **Campingplatzes „Am Röblinsee“** geht die *Schützenstraße* in die Straße *Röblinsee Nord* über. Rechter Hand begleitet uns nun überwiegend Kiefernwald, linker Hand „bevölkern“ zahlreiche Einfamilien- und Ferienhäuser die dicht bewachsene Uferregion. Bei einer Wegverzweigung folgen wir dem geschotterten Weg nach links. Hinter dem letzten Gebäude geht der Fahrweg in einen Waldweg über. Unweit des schilfgesäumten Seeufers gelangen wir an die **Steinhavel**, wie der Abschnitt der **Havel** zwischen **Röblinsee** und **Menowsee** genannt wird. Diese begleiten wir bis zu ihrem Linksbogen und gelangen durch ein Feuchtgebiet zur hier nicht ausgewiesenen *Steinhavelstraße*. Links haltend kommen wir auf dem straßenbegleitenden Fuß- und Radweg nach **Steinhavelmühle**.

In **Steinhavelmühle**, erstmals 1350 als Standort einer Wassermühle erwähnt, entstand um 1850 an der Schleuse Steinhavel ein Komplex aus Mühlengebäude, Speicher und Arbeiterhäusern. Für das heute als Industriedenkmal ausgewiesene Backsteinensemble gab es nach seiner Stilllegung viele Ideen für eine (anderweitige) Weiternutzung. Inzwischen sind alle Gebäude einsturzgefährdet.

Aus der Siedlung heraus folgen wir der wenig befahrenen Straße in *Richtung Steinförde*. Rechter Hand begleitet uns weiterhin Kiefernwald, linker Hand erstrecken sich ausgedehnte Acker- und Weideflächen. An der Straßengabelung halten wir uns mit *Wegweisung Steinförde* links und wandern durch eine hügelige Acker- und Weidelandschaft zur angezeigten Ortschaft.

Steinförde, heute ein Ortsteil von Fürstenberg/Havel, erstmals 1350 urkundlich erwähnt, ist ein etwas abgelegener, aber durchaus reizvoller kleiner Erholungsort inmitten von urwüchsigen Mischwäldern und klaren Badeseen.

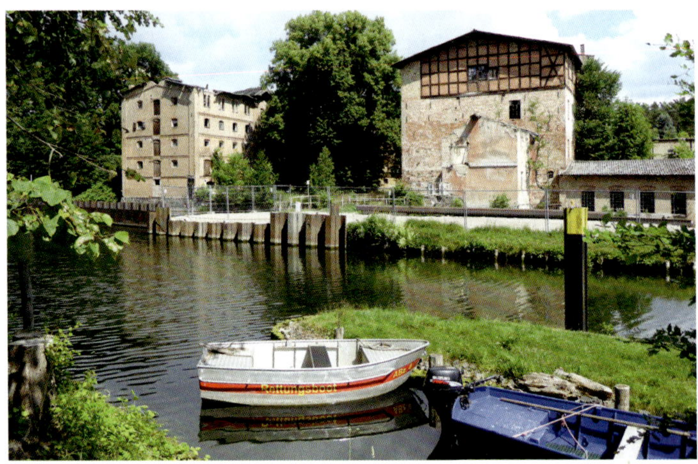

Für das Industriedenkmal Steinhavelmühle kommt wohl jede Rettung zu spät.

Auf der Straße *Steinerne Furth* überqueren wir mit Hilfe einer Brücke die **Steinhavel**. Nach wenigen Schritten folgen wir mit *Wegweisung Röblinseesiedlung* einem Fahrweg nach links und kommen leicht ansteigend zu einem Sportplatz. Vor diesem weist uns die *Wegweisung Steinhavel Schleuse* nach links. Bei einer weiteren Wegverzweigung orientieren wir uns geradeaus und gelangen auf einem Forstweg in einen Kiefernwald. Den Forstweg verlassen wir nach wenigen Metern mit *Wegweisung Rundweg Steinhavel* nach links. An der Kante des bewaldeten, zur **Havel** steil abfallenden Hanges führt uns der weitgehend ebene Wanderweg zu einer mit einem Geländer gesicherten Treppe, über die wir hinab zu einem breiten Forstweg steigen. Auf diesem wenige Meter nach links, erreichen wir die **Schleuse Steinhavel**. An der auf einen Vorgänger von 1840 zurückgehenden, mittlerweile maroden Schleusenanlage wird seit 2019 an einem Ersatzbau gewerkelt (Fertigstellung voraussichtlich 2024). Zurück auf dem Forstweg steigen wir durch schönen Laubwald hinauf zu einer kleinen Lichtung. Zweimal links haltend setzen wir unsere Wanderung auf einem breiten, sanft ansteigenden und abfallenden Waldweg fort. Bevor sich der Weg südlich orientiert, bietet sich ein schöner Blick auf die **Steinhavel**. Nachdem wir ein sich linker Hand ausbreitendes Feuchtgebiet passiert haben, kommen wir an das westliche, von einem breiten Schilfgürtel gesäumte Ufer des **Röblinsees**. Nach wenigen Metern führt uns ein nach rechts abzweigender, ansteigender Weg zu einer weiteren Wegteilung. Dort links haltend gelangen wir bergauf, bergab zu einer gepflasterten Fahrradstraße, der wir nach links sanft abwärts folgen. Linker Hand „verstecken" sich im dichten Wald einige verfallene Gebäude. Diese sind eine Hinterlassenschaft der Sowjetischen Streitkräfte. Zwischen 1945 und 1993 waren an 27 Standorten um **Fürstenberg/Havel** zeitweise bis zu 30.000 Sowjetsoldaten stationiert. Wo der **Röblinsee** in den Blick gerät, verlassen wir die Fahrradstraße und folgen mit *Wegweisung Fürstenberg* einem nach links abzweigenden Waldweg. Auf dem

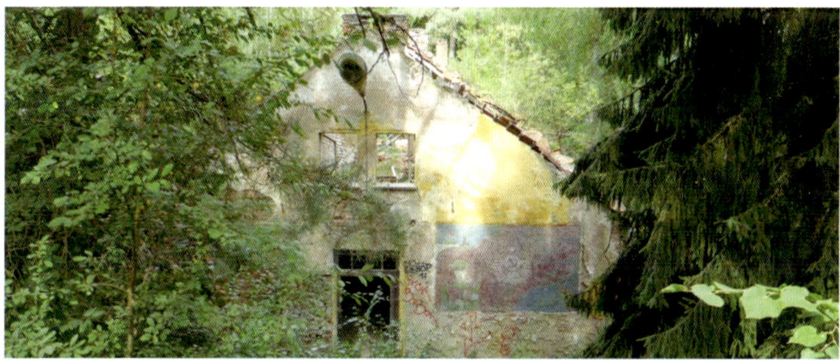

Die Natur bemächtigt sich einer Hinterlassenschaft der Sowjetarmee.

Scheitelpunkt des ansteigenden Hochufers erreichen wir eine Rastbank, von der sich uns eine schöne Sicht auf den **Röblinsee** bietet. Zurück auf Seehöhe kommen wir in die **Röblinseesiedlung**. Diese entstand nach der Eröffnung der **Berliner Nordbahn** als „Sommerfrische" für das wohlhabende, erholungsbedürftige Berliner Bürgertum. Fast alle Villen des vorstädtischen Landhausviertels sind in den vergangenen Jahren liebevoll restauriert worden. Von einem kleinen Platz gehen wir links haltend auf den hier nicht ausgewiesenen, von Linden gesäumten *Uferweg*. Rechter Hand begleiten uns alte und neue Einfamilienhäuser, linker Hand bieten sich uns weitreichende Ausblicke auf und über den See. Nachdem wir die Hafenanlagen einer **Charterbootsstation** durchquert haben, stoßen wir auf die hier nicht ausgewiesene Straße *Am Röblinsee*, auf der wir nach links, zuletzt ansteigend zur *Steinförder Straße* gelangen. Dieser folgen wir nach links. Nachdem wir einige gepflegte Jugendstilvillen und moderne Neubauten – allesamt in bevorzugter Seelage – passiert haben, unterqueren wir die Trasse der **Berliner Nordbahn** und kommen durch ein gemischtes Wohngebiet zur **Schleuse Fürstenberg** an der *Berliner Straße/B 96* (Ende der *Grünpunkt-Markierung*).

Die viel genutzte **Schleuse Fürstenberg** dient dem Ausgleich des durchschnittlich 1,6 Meter großen Höhenunterschiedes zwischen dem Baalen- und Röblinsee. Die heutige Schleuse ist ein 2009/10 errichteter Neubau.

Nach vorsichtiger Überquerung der *Bundesstraße* gelangen wir rechts an der **Gaststätte „Zur Schleuse"** vorbei in die hier nicht ausgewiesene *Zehdenicker Straße*. Wer die Wanderung an dieser Stelle abkürzen möchte, orientiert sich nach links, überquert die **Schleusenhavel** und den **Mühlengraben** und geht auf der *Brandenburger Straße/B 96* hinauf zum *Markt* (Ersparnis 2,5 Kilometer). Wir folgen der *Zehdenicker Straße* durch eine bunte Mischung von Wohn- und Gewerbebauten. Zwischen den Gebäuden erhaschen wir hin und wieder einen Blick auf den von der **Havel** durchströmten **Baalensee**, dem mit einer Fläche von 19 Hektar kleinsten der **Fürstenberger Seen**. Mit Seelage punktet das **Hotel-Restaurant „Zur Alten Bornmühle"**. Abseits des Sees gelangen wir hinter dem Haus Nr. 33 mit *Wegweisung Eisenbahnfähre* zu dem an der **Siggelhavel** liegenden **Technischen Denkmal Eisenbahnfähre**.

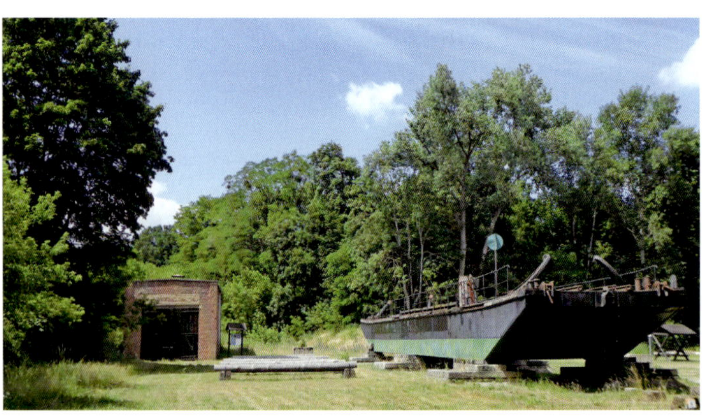

Die ehemalige Eisenbahnfähre über die Siggelhavel ist heute ein Technisches Denkmal, im benachbarten Lokschuppen wartet eine alte Dampflok auf diese „Auszeichnung".

Die 34 Meter lange und fünf Meter breite Eisenbahnfähre wurde 1934-36 für die auf dem Schienenweg erfolgende (Holz-)Versorgung der nahe des Havelparks liegenden Faserstoff-Fabrik gebaut. Im Zweiten Weltkrieg transportierte die Fähre neben Materialien für die Rüstungsproduktion auch die Gefangenen des Konzentrationslagers Ravensbrück zur Zwangsarbeit in den angrenzenden Fabriken. Ab 1945 nutzte die Rote Armee die Fähre zum Transport von Militärgütern und Brennstoffen. Nach ihrer Stilllegung 1993 verfiel die Fähre und drohte im Fährbecken zu versinken. 2013 wurde der 170-Tonnen-Stahlkoloss aus dem Wasser geborgen und an Land aufgebockt. Nach ihrer Aufarbeitung ist die nun als **Technisches Denkmal** ausgewiesene **Eisenbahnfähre** eine Besucherattraktion im Havelpark. Im benachbarten Lokschuppen steht eine 1958 gebaute Diesellok vom Typ Lokomotivbau Karl Marx – V10B.

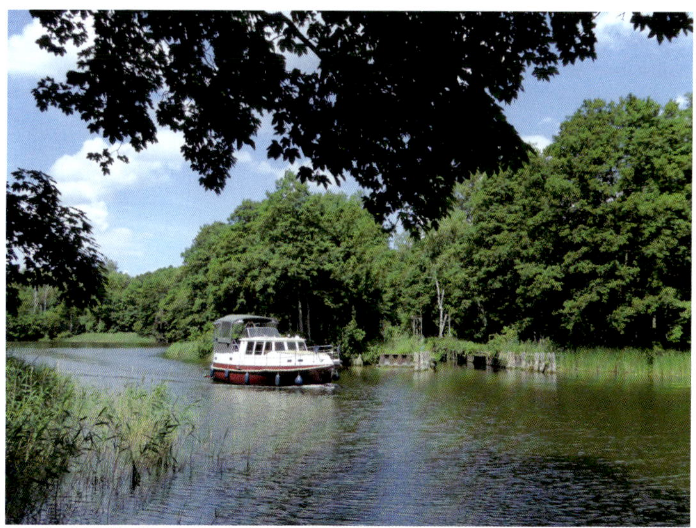

Die Siggelhavel ist ein beliebtes Revier für Freizeitschiffer.

Links am Fährbecken entlang erreichen wir einen an der **Siggelhavel** entlangführenden Uferpfad. Linker Hand erstreckt sich der um 1900 aus Privatinitiative angelegte **Havelpark**, in dem über 30 Arten von alten, teils exotischen Laub- und Nadelhölzern zu entdecken sind. Auf Höhe der „Mündung“ der **Sig-**

gelhavel in den **Schwedtsee** wendet sich der nun breite Wanderweg nach links in den Wald. In offenem Gelände stoßen wir auf einen Querweg, auf dem wir nach rechts zur hölzernen **Fußgängerbrücke** über die Verbindung von **Baalensee** und **Schwedtsee** gelangen.

An das Ostufer des etwa 1,2 Kilometer langen und 0,6 Kilometer breiten **Schwedtsee** grenzt die **Mahn- und Gedenkstätte Ravensbrück.** Weil die Asche aus dem Krematorium des Konzentrationslagers in den See geschüttet wurde, gilt er als das größte Massengrab des Lagers.

Nach der Passage der 45 Meter langen, überdachten Brücke münden wir in die *Gartenstraße*. Die sie säumenden Villen entstanden Anfang des 20. Jahrhunderts, als vornehmlich wohlhabende Berliner den Erholungswert der Stadt erkannten und sich hier niederließen. Geradeaus über die *Wallstraße* hinweg erreichen wir auf der leicht ansteigenden *Schwedtseestraße* die *Brandenburger Straße/B 96* und den an diese angrenzenden Markt. Über diesen gehen wir links an der alles überragenden **Stadtkirche** vorbei, zweigen nach links in die *Pfarrstraße* und erreichen nach wenigen Metern die *Bahnhofsstraße*, der wir nach rechts folgen. Der an der **Priesterhavel** 2008 eröffnete **Fisch-Kanu-Pass** verdient mehr als nur einen Blick.

Der **Fisch-Kanu-Pass** ist eine Alternative für Kanuten, die auf ihrem Weg vom Schwedtsee zum Röbelinsee die große Stadtschleuse umgehen wollen. Von der Priesterhavel rutschen die Boote auf einem 50 Meter langen, mit Borsten besetzten Kanal zuletzt durch den Keller eines Wohnhauses hinab zur Gänsehavel und überwinden dabei einen Höhenunterschied von 1,6 Metern. Fische nutzen die Anlage als Aufstiegshilfe zu ihren flussaufwärts gelegenen Laichplätzen.

Rechts an einem kleinen Park vorbei, in dem ein **Sowjetisches Ehrenmal** für die Gefallenen des Zweiten Weltkrieges errichtet wurde, erreichen wir nach wenigen Schritten den **Parkplatz** am **Bahnhof Fürstenberg/Havel**.

Himmelpfort – Vier-Seen-Wanderung um ein ehemaliges Kloster

„Coeli Porta" – „Pforte zum Himmel" – nannten Zisterziensermönche das Kloster, das sie vor über 700 Jahren auf einer von vier Seen umschlossenen Landenge gründeten. „Himmlisch" präsentiert sich der kleine Ort auch heute als zeitweiliger Sitz des Weihnachtsmannes. Nomen est omen – eine Wanderung im Himmelpforter Seenquartett kann daher nur eines sein: „himmlisch schön"!

Start/Ziel: Himmelpfort, (kleiner) Parkplatz am Brauhaus
An-/Abfahrt mit öffentlichen Verkehrsmitteln: ab/bis Haltestelle Hasenheide mit der UVG-Buslinie 517 (in/aus Richtung Fürstenberg/Lychen/Templin)
Anforderungen: Wenig anstrengende Rundwanderung auf teils schmalen Wald- und Uferwegen sowie verkehrsarmen Fahrwegen, mehrfach wechselnde Farbmarkierungen. Für Familien mit Kindern unter 12 Jahren geeignet.
Streckenlänge: 10,4 Kilometer
Anstiege/Abstiege: 60 Höhenmeter
Einkehr: außerhalb von Himmelpfort keine
Karte: Rad-, Wander- & Gewässerkarte „Fürstenberg/Havel, Lychen"
Sehenswertes: Schleuse, Klosterkirche, Brauhaus, Kloster-Kräutergarten und Weihnachtspostamt in Himmelpfort

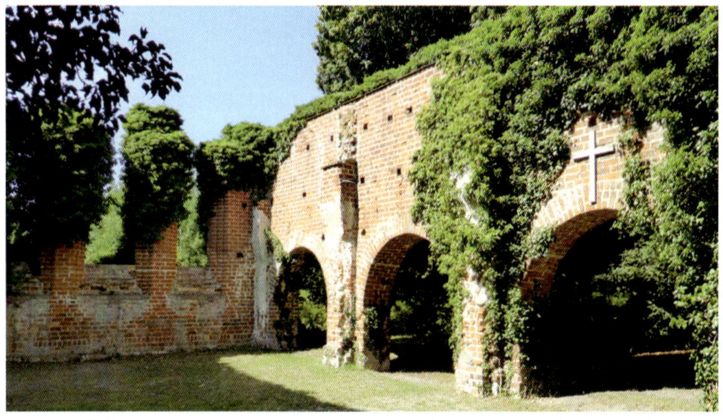

Die von Efeu überwucherte Ruine des Mittelschiffs der Klosterkirche Himmelpfort.

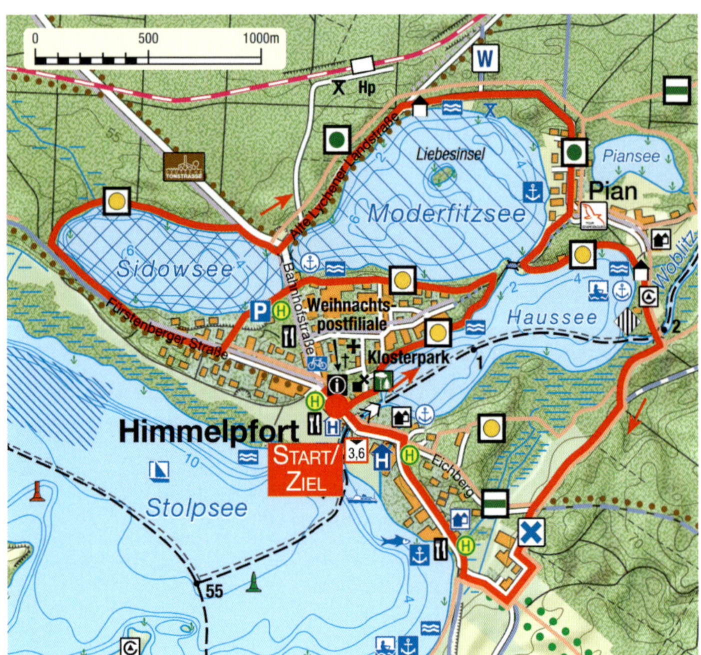

Der staatlich anerkannte Erholungsort **Himmelpfort**, seit 2003 ein Ortsteil von Fürstenberg, verdankt seine Existenz der 1299 erfolgten Gründung eines dem Zisterzienserorden unterstellten Mönchsklosters. Von dem nach der Reformation 1541 aufgelösten Kloster ist heute nur noch wenig vorhanden. Die **Klosterkirche** wurde zwischen 1300 und 1358 in zwei Bauabschnitten errichtet. Das Mittelschiff der architektonisch eher bescheidenen Backsteinbasilika ist heute eine von Efeu überwucherte Ruine. In den erhaltenen Bereich der Vierung und des Chores wurde 1663 die evangelische Pfarrkirche „eingebaut". Die von einer mächtigen Linde beschirmte turmlose **St.-Marien-Kirche** beherbergt eine hübsche barocke Kanzel, der gleichfalls barocke Altaraufsatz ist eher schlicht (beide 17. Jh.). Das **Brauhaus** (um 1450) war bis 2010 das einzige, weitgehend erhaltene Wirtschaftsgebäude des Klosters. Nach einem durch Brandstiftung verursachten Feuer ist das zweigeschossige Backsteingebäude mit seinem gegliederten Blendengiebel eine Ruine. Seit 2016 bemüht sich eine Bürgerstiftung um den aufwändigen Wiederaufbau des Gebäudes. Von der ursprünglich vier Meter hohen **Klostermauer** und dem **Westtor** ist noch ein Rest vorhanden. Auch wenn der Name Historisches vermuten lässt – der **Kloster-Kräutergarten Himmelpfort** wurde erst 1997 eröffnet. Die Anlage bietet neben einem Schaugarten mit über 250 Heil-, Gewürz- und Duftkräutern einen Anzucht- und Wirtschaftsgarten, einen Kinderspielplatz und einen Verkaufsladen.

Was 1984 mit zwei Briefen von Kindern an den Weihnachtsmann begann und von einer Mitarbeiterin des Postamtes Himmelpfort „bearbeitet" wurde, hat über die Jahre zur Einrichtung des **Weihnachtspostamtes Himmelpfort** geführt. Im Jahr 2020 erreichten den Weihnachtsmann 320.000 Briefe aus über 70 Ländern – Himmelpfort war damit das frequentierteste der sieben deutschen Weihnachtspostämter. Für die Beantwortung der Zuschriften arbeiten in der Weihnachtszeit zwanzig, von der Deutschen Post engagierte Helferinnen in der „Schreibstube des Weihnachtsmanns", die in der alten Dorfschule (heute: „Haus des Gastes") eingerichtet ist. In einem Nebengebäude befindet sich die (museale) **„Wohnstube des Weihnachtsmanns"** (alle *Klosterstraße*). Wer Post vom Weihnachtsmann samt Sonderstempel des Weihnachtspostamtes Himmelpfort erhalten möchte, wende sich an den *Weihnachtsmann, Weihnachtspostfiliale, 16798 Himmelpfort*.

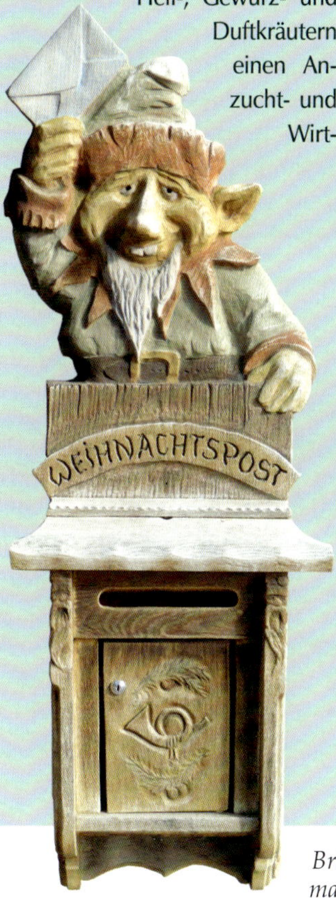

Briefe an den Weihnachtsmann schickt man nach Himmelpfort

Vom kleinen **Parkplatz am Brauhaus** wenden wir uns nach rechts. Auf einem breiten Wiesenweg steuern wir zwischen der **Schleusenanlage** zur Rechten und der **Klosterkirche** zur Linken das Ufer des **Haussees** an.

Der **Himmelpforter Haussee** ist der unterste See im Verlauf des Lychener Gewässers (→ S. 90). Wie seine Nachbarn gehörte er zur Erstausstattung des Klosters Himmelpfort, das damit das alleinige Nutzungsrecht auf dem See besaß. Der 1,3 Kilometer lange, 450 Meter breite und maximal 5 Meter tiefe See wird von der Woblitz und aus dem Moderfitzsee gespeist und entwässert über das Mühlenfließ und den Schleusenkanal in den Stolpsee (und damit in die obere Havel).

Die **Schleuse Himmelpfort** besteht in ihrer heutigen Form seit 1882 – bereits 1752 gab es eine Vorgängerin. Die Schleuse gleicht den um durchschnittlich 1,15 Meter differierenden Wasserstand zwischen dem Haussee und dem Stolpsee aus. Nach den 1976 erfolgten Sanierungs- und Umbaumaßnahmen bietet die Selbstbedienungsschleuse eine nutzbare Schleusenkammer von 41,5 Metern Länge und gut fünf Metern Breite („Finowmaß“).

Vor den Bootsstegen links haltend gelangen wir auf einen ufernahen Waldweg (Beginn der *Gelbpunkt-Markierung*), von dem sich uns reizvolle Aussichten auf den See bieten. Wenige Meter vor der kleinen Brücke über die Verbindung von **Haussee** und **Moderfitzsee** („Schmalung“) zweigen wir nach links auf einen Waldweg (Ende der *Gelbpunkt-Markierung*, Beginn der *Grünpunkt-Markierung*). Von dem am Hangfuß entlangführenden Weg gibt es bis zur gut ausgestatteten Badestelle am westlichen Ende des **Moderfitzsees** nur eine sehr eingeschränkte Sicht auf den See. Der 56 Hektar große See ist maximal zehn Meter tief, in seiner Mitte liegt die kleine **Liebesinsel**. Vor der Badestelle halten wir uns links, gehen rechts an einem Haus vorbei und kommen zur hier nicht ausgewiesenen Straße *Zur Hasenheide*. Geradeaus über diese hinweg setzen wir unsere Wanderung auf einem Waldpfad fort (Ende der *Grünpunkt-Markierung*, Beginn der *Gelbstrich-Markierung*). Bei einer Wegverzweigung wählen wir den rechten Weg, zweigen in gleicher Richtung auf einen Querweg und gelangen durch eine Ferienhaussiedlung zur Straße *Am Sidowsee*, der wir ohne Wegweisung nach rechts folgen. Hinter dem letzten Ferienhaus verengt sich die Straße zu einem asphaltierten Fuß- und Radweg. Nach wenigen Metern verlassen wir diesen mit *Wegweisung Rund-*

weg Sidowsee nach rechts und kommen hinab an das bewaldete Ufer des 1000 Meter langen, 400 Meter breiten und maximal 5 Meter tiefen **Sidowsees**. Nachdem wir den anfänglich ausgeprägten Uferhang passiert haben, kommen wir in eine feuchte Senke. Mit Hilfe einer kleinen Brücke überqueren wir einen Wassergraben und gelangen auf dem zuletzt von einem Kiefernwald begleiteten Uferweg zur Landstraße. Dieser folgen wir mit schöner Sicht über den **Sidowsee** nach rechts. Nach etwa 150 Metern verlassen wir die nach **Himmelpfort** führende Straße mit *Wegweisung Pian* nach links und gelangen auf den Moderfitzsee-Rundweg (Ende der *Gelbstrich-Markierung*, Beginn der *Grünpunkt-Markierung*). Der asphaltierte, schmale Fahrweg führt uns in Ufernähe durch Mischwald zu einer Unterstandshütte und Badestelle. Hinter dieser gelangen wir mit *Wegweisung Pian* auf einem Betonspurweg bis vor die angezeigte Siedlung.

Im Jahr 1821 eröffnete in **Pian** eine Glashütte. Zwischen 1855 und 1876 arbeiteten und wohnten hier bis zu 200 Menschen. Das hergestellte grüne und braune Gebrauchsglas (Flaschen und ähnliches) wurde über einen kleinen Hafen am Moderfitzsee abtransportiert. Von der 1885 geschlossenen Glashütte bestehen noch drei Gebäude, darunter der ehemalige Krug und das bescheidene Herrenhaus. Heute wird der weltabgeschiedene Ort überwiegend touristisch genutzt.

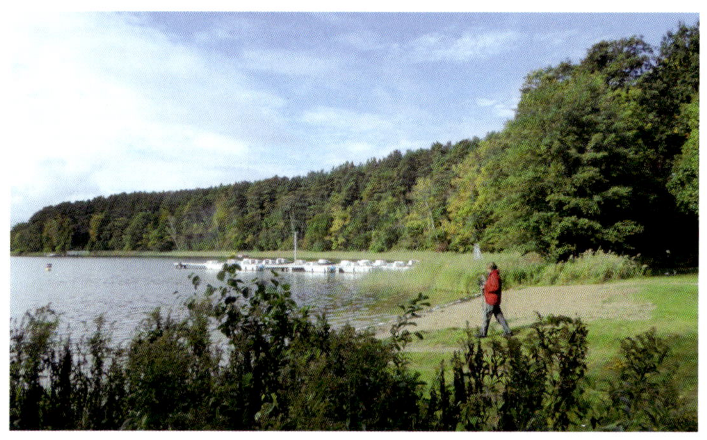

Badestelle Pian am Haussee

Nachdem wir die kleine Siedlung durchquert haben, verlassen wir die Asphaltstraße in ihrem Linksknick und folgen einem breiten Wanderweg nach rechts an den **Moderfitzsee**. Vor der kleinen Brücke über die Verbindung von **Haussee** und **Moderfitzsee** zweigen wir mit Wegweisung *Pian Badestelle* nach links (Ende der *Grünpunkt-Markierung*, Beginn der *Gelbpunkt-Markierung*). Auf dem angenehm begehbaren Uferweg gelangen wir am **Haussee** entlang zur angezeigten Badestelle. Diese bietet neben einer großen Liegewiese, zwei Rasthütten, einem Volleyballfeld und einem Bade- und Bootssteg eine großartige Sicht über den See. Den einladenden Platz verlassen wir auf einem asphaltierten Fuß- und Radweg und kommen durch Mischwald zur wuchtigen Brücke über die **Woblitz** (→ S. 93f). Über diese hinweg stoßen wir auf einen weiteren asphaltierten Fuß- und Radweg, dem wir mit *Wegweisung Haussee-Rundweg* nach rechts durch schönen Buchenwald folgen. Wo der angezeigte Rundweg nach rechts abzweigt, bleiben wir auf der asphaltierten Fahrradstraße (Ende der *Gelbpunkt-Markierung*, Beginn der *Grünstrich-Markierung*). Über eine Kuppe erreichen wir rechter Hand offenes Weideland, linker Hand begleitet uns der **Erholungswald „Grüne Kathedralen"**. Über eine Kreuzung geradeaus hinweg kommen wir zu den ersten Häusern von **Himmelpfort**. An diesen links vorbei münden wir in den hier nicht ausgewiesenen *Himmelpforter Weg*, auf dem wir mit *Wegweisung Fürstenberg* nach rechts in den Ort gelangen. Um wenigstens einen Blick auf den sich hinter Buschwerk „versteckenden" **Stolpsee** zu erhaschen (und damit unser „Seenquartett" zu komplettieren), begeben wir uns von der *Stolpseestraße* auf das (Außen-)Gelände der am kleinen Fischer- und Sportboothafen aussichtsreich gelegenen **Fischgaststätte „Zum Stolpseefischer"**. Wenn wir zur „richtigen" Zeit kommen, können wir von der Seeterrasse den Sonnenuntergang über dem See erleben.

Der **Stolpsee** ist mit 3,7 Quadratkilometern der flächengrößte der Himmelpforter Seen. Der vier Kilometer lange, bis zu 1,4 Kilometer breite und maximal 13 Meter tiefe See wird von der oberen Havel durchflossen. Insoweit ist er ein Bestandteil der 97 Kilometer langen Bundeswasserstraße Obere Havel-Wasserstraße. Einen weiteren Zufluss hat der fast vollständig von Schilf umsäumte See über das Mühlenfließ und den Schleusengraben aus dem Himmelpforter Haussee (und damit aus dem Lychener Gewässer).

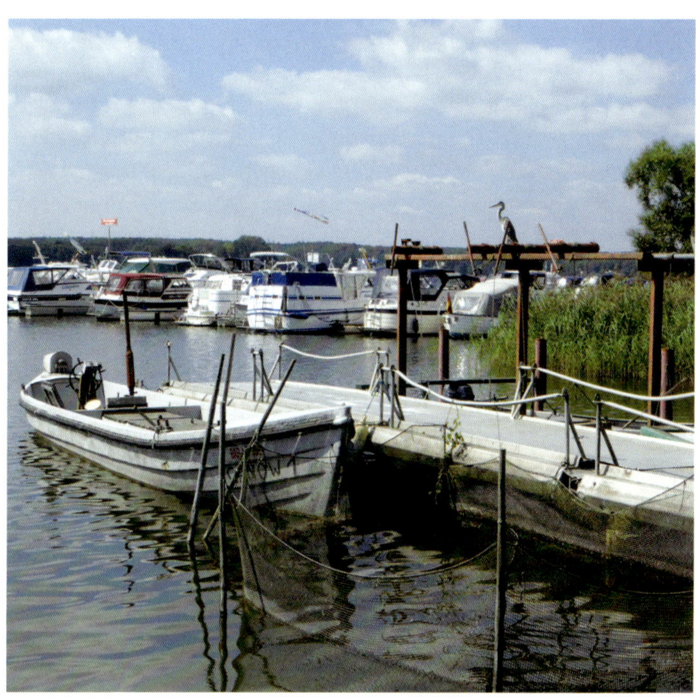

An der Stolpseefischerei wartet ein hungriger Gast auf Beute.

Weiter auf der *Stolpseestraße* gelangen wir zum imposanten Gebäudekomplex der alten Mühle. Diese bietet heute als **„Mühle Himmelpfort“** ein vielfältiges, „alternatives“ Unterkunftsangebot. Über das **Mühlenfließ** hinweg bewegen wir uns auf der *Klosterstraße* zum **Schleusenkanal**. Auf dem Weg dorthin laden drei sehr unterschiedliche Gaststätten zur Einkehr: der **„Gastgarten am Mühlenfließ“**, das **Restaurant „Fisch & Frosch“** sowie das **Restaurant-Café „An der Schleuse“**. Von der **Schleusenbrücke** ist die Schleusung unterschiedlichster Sport- und Freizeitboote besonders gut zu beobachten. Mindestens einen Blick verdient auch der links hinter der Brücke liegende **Kloster-Kräutergarten**, ehe wir zum **Parkplatz am Brauhaus** zurückkehren.

Lychen – Woblitz-Rundweg

Von der Flößerstadt zum Sitz des Weihnachtsmannes - die nach einem kleinen Kanal benannte Rundtour bietet neben zwei sehenswerten Ortschaften eine abwechslungsreiche, in ausgedehnte Wälder eingebettete Seenlandschaft.

Start/Ziel: Lychen, Parkplatz Berliner Straße/Kriegerdenkmal
An-/Abfahrt mit öffentlichen Verkehrsmitteln: ab/bis Lychen mit der UVG-Buslinie 517 (aus/in Richtung Fürstenberg/Templin)
Anforderungen: Anstrengende Rundwanderung auf unterschiedlich breiten Wald- und Uferwegen, asphaltierten Rad- und Fußwegen sowie verkehrsarmen Fahrwegen, durchgängig markiert (Grünstrich). Für Familien mit Kindern unter 12 Jahren nicht geeignet.
Streckenlänge: 18,7 Kilometer
Anstiege/Abstiege: 140 Höhenmeter
Einkehr: außerhalb von Lychen und Himmelpfort Imbiss der „Uckermark Fisch GmbH Lychen" am Haltepunkt Fischerei
Karte: Rad-, Wander- & Gewässerkarte „Fürstenberg/Havel, Lychen"
Sehenswertes: Natur- und Vogelschutzstation in Woblitz, Schleusenanlage, Klosterkirche, Brauhaus, Klostergarten und Weihnachtshaus in Himmelpfort

Mit schöner Sicht auf den **Lychener Stadtsee** folgen wir vom **Parkplatz Berliner Straße/Kriegerdenkmal** der *Wegweisung Strandbad* in die hier nicht ausgewiesene *Hohe Steg Straße* (zum Ort → S. 98f).

Der **Lychener Stadtsee** ist der Mittelpunkt des aus sieben Seen bestehenden Lychener Seenkreuzes. Zu diesem gehören der Wurlsee, der Nesselpfuhl, der Oberpfuhl, der Zenssee, der Platkowsee, der Große Lychensee sowie als flächenkleinster der Lychener Stadtsee. Gleichzeitig gehört der Lychener Stadtsee zum Lychener Gewässer, einem Nebenfluss der oberen Havel. Der gut acht Kilometer lange Abschnitt vom **Himmelpforter Haussee** über die Woblitz und den Großen Lychensee bis zum Lychener Stadtsee ist als Bundeswasserstraße ausgewiesen und darf von Booten mit Verbrennungsmotor befahren werden.

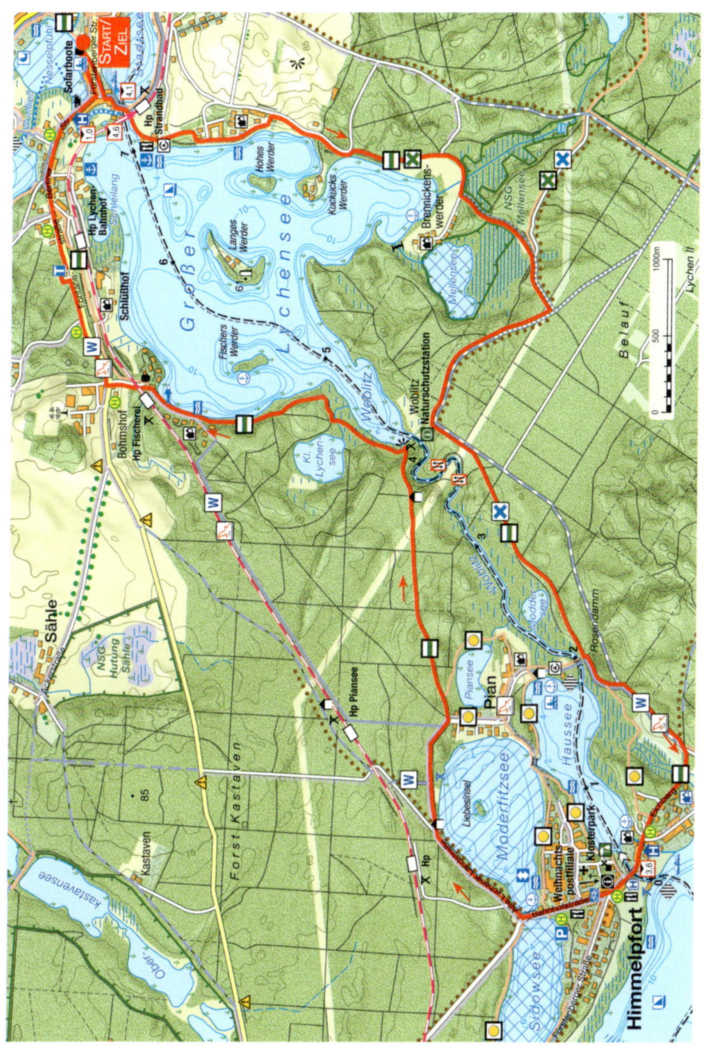

Rechts an einer Bootsanlegestelle und einer Kleingartensiedlung entlang verlassen wir die Straße in ihrem Rechtsknick. Links haltend folgen wir dem gepflasterten Fuß- und Radweg, passieren die **Anlegestelle des Ausflugsschiffs „Möwe"** und erreichen nach wenigen Schritten die **Hohestegbrücke**, mit deren Hilfe wir die Verbindung von **Stadtsee** und **Wurlfließ** überqueren. Danach rechts haltend unterqueren wir die Brücke der ehemaligen Bahnstrecke Fürstenberg-Lychen-Templin und gelangen neben dem **Wurlfließ** an den **Großen Lychensee.**

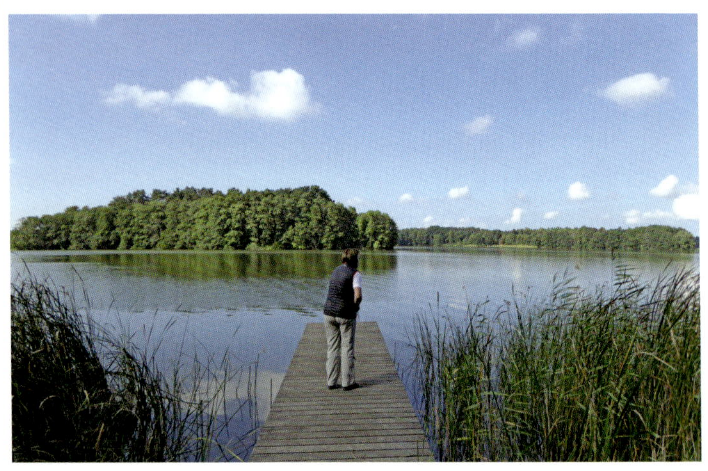

Blick über den Großen Lychensee

Der **Große Lychensee** ist mit fast drei Quadratkilometern das mit Abstand flächengrößte Gewässer im Lychener Seenkreuz. In dem bis zu 19 Meter tiefen See liegen drei größere Inseln: **Hohes Werder**, **Langes Werder** und **Fischers Werder.** Auf dem Langen Werder hat **Gotthold Pannwitz** (→ S. 99) um 1900 ein Sanatorium eröffnet. Der fast durchgängig von Wald gesäumte buchtenreiche Große Lychensee wird vom Lychener Stadtsee sowie über das Wurlfließ vom Nesselpfuhl und Wurlsee gespeist, er entwässert über die Woblitz.

Durch eine überwiegend aus Kopfweiden bestehende Allee erreichen wir das beliebte **„Strandbad Lychen"**. Links an diesem vorbei münden wir in einen Pfad. Mit schönen Ausblicken auf den See und seine Inseln durchqueren wir ufernah ein Mischwaldgebiet, in dem sich linker Hand unterschiedlichste Ferienhäuser „verstecken". Am Ende der Siedlung stoßen wir auf einen breiten Weg, dem wir mit *Wegweisung Himmelpfort* nach links folgen. Nach etwa 20 Metern trifft dieser auf einen Querweg, auf dem wir rechts haltend in den Wald gelangen. Links an einem Gebäude vorbei führt der breite Weg über eine Geländekuppe. Danach rechts haltend gelangen wir auf einem Pfad zu einer Badestelle samt überdachtem Rastplatz. Auch wenn hier Wegspuren einen ufernahen Weiterweg andeuten, weist uns die Wegmarkierung vom See weg nach links einen kurzen Hang hinauf zu einem breiten Waldweg. Diesem folgen wir nach rechts und gelangen links an einer ausgedehnten Wiesenfläche entlang zu einem geschotterten Fahrweg, der geradeaus zum traumhaft schön gelegenen **„Ferienhaus-Park Brennickenswerder“** führt. Dieser erstreckt sich zwischen dem **Großen Lychensee** und dem **Mellensee**.

Der etwa 500 Meter lange und 300 Meter breite **Mellensee**, der über einen schmalen Wasserlauf mit dem großen „Nachbarn“ verbunden ist, gehört zum gleichnamigen Naturschutzgebiet. In dem ausgedehnten Sumpfareal liegt das revitalisierte **Mellenmoor**, ein Braunmoosmoor, das zahlreichen gefährdeten Tier- und Pflanzenarten einen geschützten Lebensraum bietet.

Vor der Einfahrt zum **Ferienhaus-Park** folgen wir mit *Wegweisung Himmelpfort* einem breiten Waldweg nach links. Zunächst begleitet uns linker Hand der östliche Teil des **Naturschutzgebietes Mellenmoor**, nach einer Wegverzweigung, an der wir unsere Wanderung geradeaus fortsetzen, rechter Hand der westliche Teil. Hinter einer Wiesenlichtung halten wir uns mit *Wegweisung Fürstenberg* nach rechts und erreichen leicht ansteigend eine Stromtrasse. Mit *Wegweisung Greifvogelstation* folgen wir hier einem zunächst sandigen Querweg nach rechts zum **Wohnplatz Woblitz**. Dieser entstand 1773 als Teerofen, später wurde er eine Försterei. Seit 1990 ist in der ehemaligen Försterei die **Naturschutzstation Woblitz** untergebracht, die sich um die Pflege verletzter Greifvögel kümmert.
Vor der Station setzen wir unsere Wanderung links haltend auf einem Forstweg fort und stoßen alsbald wieder auf die Stromtrasse. Nach Unterquerung der Stromleitung halten wir uns leicht rechts und folgen einem breiten Waldweg. In leichtem Auf und Ab wandern wir durch Kiefern- und Laubwald, passieren den in einer Senke liegenden **Moddersee** (auch: **Jägersee**) und erreichen schließlich die Brücke über die **Woblitz**.

Die 2,5 Kilometer lange **Woblitz** verbindet das Lychener Seenkreuz mit den Himmelpfortener Gewässern. Schon im 18. Jahrhundert wurde der Fluss zu einem Floßkanal umgestaltet. Zwischen 1879 und 1882 erfolgte sein weiterer Ausbau, um ihn für Kähne mit einer maximalen Tragfähigkeit von 170 Tonnen („Finowmaßkähne") schiffbar zu machen. Die Uferzonen der 20 Meter breiten natürlichen Wasserstraße sind vielfach sumpfig und bewaldet.

Vor der Brücke folgen wir einer asphaltierten Fahrradstraße in *Richtung Himmelpfort*. Über eine Kuppe hinweg erreichen wir rechter Hand offenes Weideland, linker Hand begleitet uns der Erholungswald **„Grüne Kathedralen"**. Vor dem Sportplatz zweigen wir nach rechts in die hier nicht ausgewiesene Straße *Eichberg*, einen anfänglich geschotterten Fahrweg, und erreichen die ersten (Ferien-)Häuser von **Himmelpfort** (zum Ort → S. 84f).

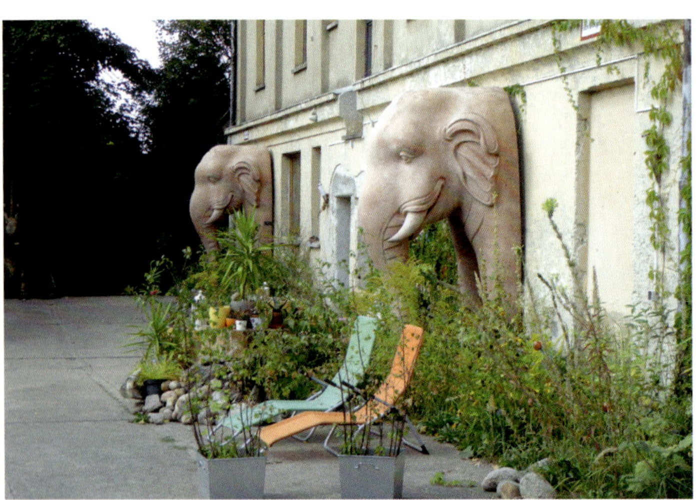

Nicht zu übersehen: Der Gebäudekomplex der Mühle Himmelpfort.

Über den **Eichberg** hinweg stoßen wir vor dem imposanten Gebäudekomplex der alten **Mühle** auf die *Stolpseestraße*, der wir mit *Wegweisung Pian* nach rechts folgen. Nach Überquerung des **Mühlenfließ** bewegen wir uns auf der *Klosterstraße* zum **Schleusenkanal**. Auf dem Weg dorthin laden drei sehr unterschiedliche Gaststätten zur Einkehr: der **„Gastgarten am Mühlenfließ"**, das **Restaurant „Fisch & Frosch"** sowie das **Restaurant-Café „An der Schleuse"**. Von der **Schleusenbrücke** ist die Schleusung unterschiedlichster Sport- und Freizeitboote besonders gut zu beobachten. Rechts am **Kloster-Kräutergarten** und am **Gasthaus „Mönchs Schänke"** vorbei erreichen wir mit der Ruine des alten **Brauhauses**, der **Klosterkirche St. Marien** und dem **Weihnachtshaus** samt Café das (touristische) Zentrum des Ortes. Am Ende der *Klosterstraße* folgen wir der Straße *Zur Hasenheide* in *Richtung Moderfitzsee*. Am Dorfende werden insbesondere Naschkatzen auf eine starke Probe gestellt: Tür an Tür locken das **„Café Hasenheide"** und die **„Himmelpforter Chocolaterie"** zum „kalorienreichen Verweilen".

Verabschiedet von einem großen hölzernen Weihnachtsmann verlassen wir **Himmelpfort**, überqueren die Verbindung von **Sidowsee** (→ S. 87) zur Linken und **Moderfitzsee** (→ S. 86) zur Rechten mittels einer Brücke und erreichen eine Straßengabelung. Mit *Wegweisung Lychen* folgen wir der schmalen Asphaltstraße nach rechts. Linker Hand begleitet uns überwiegend Kiefernwald, rechter Hand liegt der meist durch blickdichte Baumgruppen abgeschirmte schilfumsäumte **Moderfitzsee**.

Auf Höhe einer Badestelle samt Unterstandshütte teilt sich der Fahrweg. Mit *Wegweisung Pian* folgen wir dem nach rechts abzweigenden Spurweg und gelangen abseits des Sees durch Mischwald über eine Geländekuppe bis zum Ortsschild von **Pian** (zum Ort → S. 87). Vor diesem zweigen wir mit *Wegweisung Lychen* nach links auf einen breiten Waldweg. Nach wenigen Metern zeigt sich rechter Hand der kleine **Piansee**. In leichtem Auf und Ab folgen wir dem breiten Weg durch Kiefern- und Laubwald immer geradeaus, unterqueren die bereits bekannte Stromtrasse und stoßen schließlich auf einen Querweg. Bevor wir unsere Waldwanderung auf diesem nach links fortsetzen, sollten wir ihm wenige Meter nach rechts zu einem schönen Aussichtsplatz an der **Woblitz** folgen.

Zurück auf dem Hauptweg bietet sich uns alsbald eine schöne Sicht über den **Großen Lychensee**. Nachdem wir einen Graben, über den der linker Hand liegende **Kleine** in den **Großen Lychensee** entwässert, überquert haben, gelangen wir auf einem breiten, teils ufernahen Waldweg in leichtem Auf und Ab zum **„Ferienpark Seenland"**.

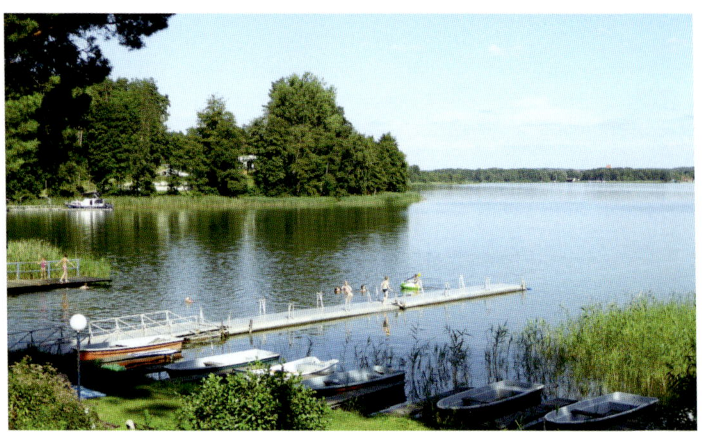

Badestelle des „Ferienparks Seenland“

An zahlreichen, öffentlich nicht zugänglichen Badestellen und Steganlagen vorbei erreichen wir auf der nun asphaltierten Uferstraße die **„Uckermark Fisch GmbH Lychen“** mit angeschlossenem Imbiss. Dort links haltend passieren wir den neu erbauten **„Seepark Lychen“**, eine Ansammlung luxuriöser Ferienhäuser in bevorzugter Seelage, und den ehemaligen **Draisinenhaltepunkt „Fischerei“**. Wenige Meter vor der stark befahrenen Landesstraße *(L 15)* zweigt nach rechts ein asphaltierter Fuß- und Radweg ab. Auf diesem unterqueren wir durch einen Tunnel (interessante Graffiti!) die Landesstraße und setzen unsere Wanderung danach rechts haltend auf dem Fuß- und Radweg fort. Linker Hand begleitet uns überwiegend Kiefernwald, rechter Hand die durch eine Baum- und Strauchreihe abgeschirmte Landesstraße. Nachdem wir ein ausgedehntes Tankstellengelände in sicherem Abstand umrundet haben, erreichen wir das Ortschild von **Lychen**. Auf dem Fuß- und Radweg der hier nicht ausgewiesenen *Berliner Straße* erleben wir einen bunten Mix von einfachen Wohnhäusern, (Jugendstil-)Villen, Gewerbebauten und unbebauten Flächen, überqueren das **Wurlfließ**, das den **Nesselpfuhl** (→ S. 100) mit dem **Lychener Stadtsee** und **Großen Lychensee** verbindet, passieren einen einladenden Rastplatz am **Nesselpfuhl** und erreichen schließlich den **Parkplatz Berliner Straße/Kriegerdenkmal**.

Lychen – Vom Stadtsee zum Wurlsee

Der Vier-Seen-Rundweg verläuft vollständig auf Lychener Stadtgebiet und bietet dennoch auf weiten Strecken eindrückliche Landschaftserlebnisse. Die abwechslungsreiche Wanderung endet mit einem kleinen Altstadtbummel zu den Sehenswürdigkeiten der „Flößerstadt".

Start/Ziel: Lychen, Parkplatz Templiner Straße/Kienofenpromenade
An-/Abfahrt mit öffentlichen Verkehrsmitteln: ab/bis Lychen mit der UVG-Buslinie 517 (aus/in Richtung Fürstenberg/Templin)
Anforderungen: Wenig anstrengende Rundwanderung auf unterschiedlich breiten Wald- und Uferwegen sowie verkehrsarmen Fahrwegen, eine längere, mehrere kurze Straßenpassagen, teilweise markiert (Gelbkreuz). Für Familien mit Kindern unter 12 Jahren geeignet.
Streckenlänge: 9,0 Kilometer
Anstiege/Abstiege: 80 Höhenmeter
Einkehr: außerhalb von Lychen „Seehotel Lindenhof" am Wurlsee
Karte: Rad-, Wander- & Gewässerkarte „Fürstenberg/Havel, Lychen"
Sehenswertes: Flößereimuseum, Rathaus, St.-Johannes-Kirche, Getreidemühle in Lychen

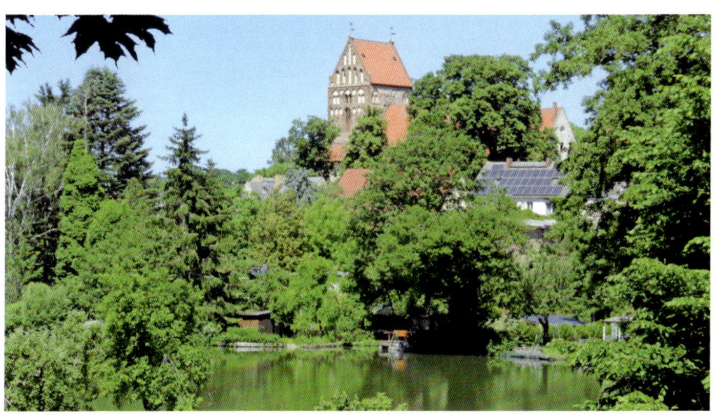

St.-Johannes-Kirche in Lychen mit Stadtsee im Vordergrund.

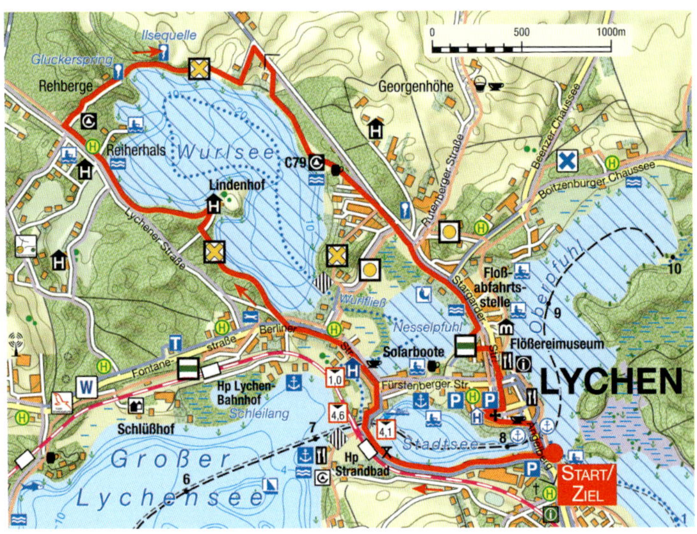

Umgeben von sieben Seen erscheint das Kerngebiet der 1248 gegründeten Stadt **Lychen** aus der Vogelperspektive wie eine Insel. Der Wasserlage verdankt der Ort seine Anfang des 18. Jahrhunderts einsetzende Entwicklung zu einer Hochburg der Flößerei. Die Holzstämme aus den umliegenden Wäldern wurden hier zu Flößen verbunden und dann von Schleppkähnen bis nach Berlin und sogar bis nach Hamburg gezogen. Mit der Industrialisierung und der Transportverlagerung auf Schiene und Straße verlor die Flößerei an Bedeutung. Dennoch wurde bis in die 1960er-Jahre in Lychen professionell geflößt, das allerletzte Floß verließ 1975 den Ort. Über die interessante Flößereigeschichte informiert das im alten Feuerwehrhaus eingerichtete **Flößereimuseum** *(Clara-Zetkin-Straße)*. Seit 2013 darf der Ort die Zusatzbezeichnung „Flößerstadt" führen.

Tafel am Flößereimuseum

Der Dreißigjährige Krieg (1618–1648) und zwei Großfeuer (1732 und 1945) haben dem Ort schwer zugesetzt. Historische Bausubstanz gibt es wenig. Die zwischen 1302 und 1304 aus Feldsteinen errichtete sechs Meter hohe **Stadtmauer** ist nur noch an vier Stellen rudimentär vorhanden. Gleiches gilt für die drei Tortürme, das **Fürstenberger Tor** *(Fürstenberger Straße)*, das **Stargarder Tor** *(Clara-Zetkin-Straße)* und das **Templiner Tor** *(Templiner Straße)*. Das von einer Doppelreihe Linden umrahmte **Rathaus** ist der Nachbau eines 1945 abgebrannten barocken Vorgängers (1748) *(Am Markt)*. Auf dem höchsten Punkt der Altstadt thront die weithin sichtbare **St.-Johannes-Kirche**. Nicht zuletzt wegen ihrer zwei Meter dicken Mauern aus behauenen Feldsteinen vermittelt die frühgotische Saalkirche (2. Hälfte 13. Jh.) einen wehrhaften Eindruck. Der kirchenschiffbreite Turm trägt auf seinem Unterbau aus Feldsteinen eine im Stil der Backsteingotik ausgeführte Aufmauerung (15. Jh.). Im Inneren der Kirche sind Hochaltar, Kanzel und Orgelprospekt Werke des Barock (Ende 17. Jh.) *(Kirchstraße)*. Die um 1810 erbaute **Getreidemühle**, ein mächtiger dreigeschossiger Backsteinbau, verfügt über „fließendes Wasser“: Der Mühlenbach, der bis 1902 die Mühle antrieb, durchquert das Kellergeschoss. Heute nutzen ihn Wasserwanderer auf dem Weg vom Oberpfuhl zum Nesselpfuhl. Nachdem der Mühlenbetrieb 1992 eingestellt wurde, bemüht sich seit 2011 der Verein **„Wasser auf die Mühle“** um den Erhalt des denkmalgeschützten Bauwerks. Ein erster Schritt war die 2015 erfolgte Eröffnung der **„Mühlenwirtschaft & Kaffeemühle Lychen“** *(Stabenstraße)*. Der Erhalt denkmalgeschützter Bauwerke spielt auch im Projekt **„Parkresidenz Lychen“**, einer exklusiven Wohnanlage oberhalb des Zenssees, eine Rolle: Seit 2009 saniert ein Investor die architektonisch interessanten, über die Jahre aber verfallenen Gebäude der ehemaligen **Heilstätten Hohenlychen**. Das von **Gotthold Pannwitz** (1861–1926) 1902 gegründete Sanatorium diente in seiner Anfangsphase ausschließlich der Behandlung von Lungenkrankheiten wie der Tuberkulose *(Pannwitz-Allee)* – im heute „staatlich anerkannten Erholungsort“ gab es schon immer eine ausgezeichnete Luft.

Vom **Parkplatz Templiner Straße/Kienofenpromenade** gehen wir vor dem **Stadtsee** (→ S. 90) ohne Wegweisung nach links auf den aussichtsreichen, anfänglich gepflasterten Promenadenweg.

Linker Hand erstreckt sich ein bewaldeter Hang, rechter Hand begleiten uns zunächst einige Wohnhäuser, danach eine Kleingartenkolonie - allesamt in reizvoller Uferlage. Auf Höhe der Eisenbahnbrücke folgen wir der *Wegweisung Feldsteinkirche* nach rechts. Von der **Hohestegbrücke**, mit deren Hilfe wir die namenlose Verbindung von **Stadtsee** und **Großem Lychensee** (→ S. 92) überqueren, bietet sich eine schöne Sicht auf die beiden Seen sowie auf das von zahlreichen Bootshäusern gesäumte **Wurlfließ**, die Verbindung zum **Nesselpfuhl**. Am Ufer des **Stadtsees** passieren wir die **Anlegestelle des Ausflugsschiffs „Möwe"** und gelangen über die hier nicht ausgewiesene *Hohe Steg Straße* zur *Berliner Straße*, der wir nach links folgen. An einem von zwei Trauerweiden beschirmtem Rastplatz bietet sich eine schöne Sicht auf den **Nesselpfuhl**.

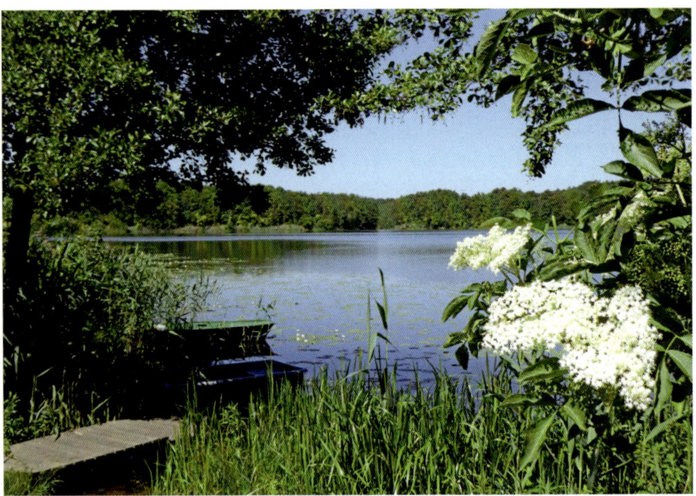

Bootssteg am Nesselpfuhl

Klein, aber fein – der zum Lychener Seenkreuz (→ S. 90) gehörende **Nesselpfuhl** ist gut „vernetzt": Der 24 Hektar große See ist über das Wurlfliess mit dem Wurlsee und dem Stadtsee sowie über den Mühlengraben mit dem Oberpfuhlsee verbunden. Das Ufer des maximal sechs Meter tiefen, nährstoffreichen Sees wird weitgehend von Schilf und Seerosen umsäumt. Etwas Besonderes: Im See gibt es eine Population der Rotwangen-Schmuckschildkröte.

Über das **Wurlfließ** hinweg setzen wir unsere Wanderung durch ein gemischtes Wohn- und Gewerbegebiet fort (Beginn der Gelbkreuz-Markierung). Hinter dem letzten Haus auf der rechten Straßenseite zweigen wir nach rechts in den geschotterten *Retzower Weg*. Diesen verlassen wir nach wenigen Metern nach rechts und gelangen auf einem Waldweg zu einer Sitzgruppe am Ufer des **Wurlsees**.

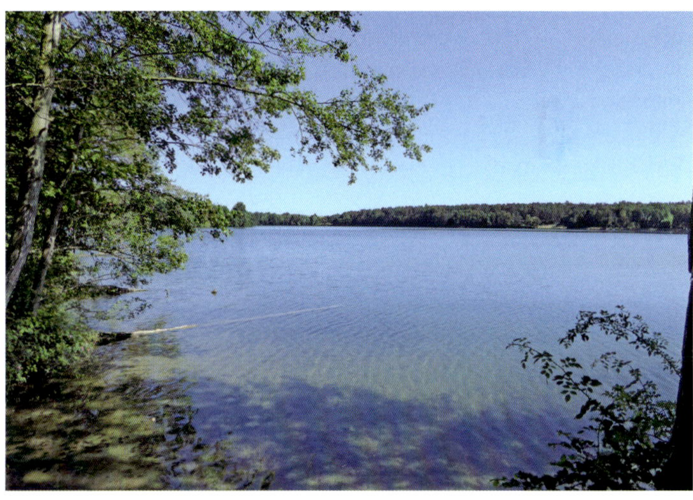

Blick auf den Wurlsee

Der aus mehreren unterirdischen Quellen gespeiste **Wurlsee** ist eines der klarsten Gewässer der Region: Die Sichttiefe liegt im Sommer zwischen 3 und 5 Metern, gleichzeitig zeigt sich der See für etwa zwei Monate in einem intensiven Türkis. Der fast einen Quadratkilometer große und maximal 28 Meter tiefe See ist über das Wurlfliess mit dem Nesselpfuhl verbunden und damit ein Teil des Lychener Seenkreuzes (→ S. 90).

In leichtem Auf und Ab führt uns der Uferweg zur gepflasterten Zufahrt zum **„Seehotel Lindenhof"**. Seit 1923 gibt es auf der dicht bewaldeten Halbinsel **Lindenwerder** einen Gastbetrieb, aus dieser Zeit stammen die namengebenden (Kopf-)Linden. Die heutige Hotelanlage ist ein 1999 eröffneter komfortabler Neubau. Über die Hotelzufahrt geradeaus hinweg gelangen wir auf dem

Uferweg zur hier nicht ausgewiesenen *Lychener Straße*, der wir nach rechts folgen. Rechter Hand passieren wir eine große Badestelle, linker Hand erhebt sich über ebenem Wiesengelände die Hangsiedlung **Wurlgrund**. Nach der Passage des **„Freizeitgeländes Bootsstation"** steigt die Straße bis zum **„Naturcampingpark Rehberge"** spürbar an. Vor dessen Rezeption zweigen wir nach rechts auf den breiten *Eisvogelweg*, auf dem wir das sanft hügelige, bewaldete Campinggelände durchwandern. Aus dem gepflegten Park hinaus passieren wir die gefasste **Ilsenquelle** und setzen unsere Wanderung auf dem schmalen Uferweg fort. Linker Hand begleitet uns ein mit Erlen bestandenes Feuchtgebiet. Nach der Überquerung eines Rinnsals führt der schmale Weg durch den bewaldeten Uferhang zu einer kleinen Badestelle. Dort verlassen wir den Uferweg nach links und gelangen auf einem Feldweg rechts an einer welligen Wiesenfläche entlang hinauf zu der hier nicht ausgewiesenen, von alten Linden gesäumten *Strelitzer Straße*. Dieser folgen wir mit *Wegweisung Lychen* nach rechts. Linker Hand erstreckt sich hügeliges Ackerland, rechter Hand passieren wir eine kleine Wohnsiedlung. Hinter deren letztem Haus verlassen wir die Straße nach rechts und gelangen mit *Wegweisung Lychen* auf einem Waldweg zurück ans Seeufer. Links haltend folgen wir dem schmalen Uferweg in leichtem Auf und Ab bis zum **„Wurlsee Camping Lychen"**. Hinter dem entsprechenden Hinweisschild verlassen wir den Uferweg nach links und gelangen über 25 Treppenstufen auf das Campinggelände. Rechtshaltend durchqueren wir auf dem Hauptweg die mit Kiefern bestandene Campinganlage, die wir an der Rezeption vorbei wieder verlassen. Aus dem Zufahrtsweg stoßen wir wieder auf die hier nicht ausgewiesene *Strelitzer Straße*, der wir ohne Wegweisung nach rechts folgen. Links an einer größeren Wohnsiedlung vorbei trennen wir uns von dem der Straße *Am Wurlsee* folgenden *Wurlsee-Rundweg* und halten uns geradeaus (Ende der *Gelbkreuz-Markierung*). In gleicher Richtung folgen wir der leicht ansteigenden *Clara-Zetkin-Straße* durch ein altes Wohn- und Gewerbegebiet.

Auf Höhe des **Flößereimuseums** zweigen wir mit *Wegweisung Himmelpfort* nach rechts auf einen Asphaltweg und erreichen eine kleine Parkanlage am **Nesselpfuhl**. Nach wenigen Metern überqueren wir mit Hilfe einer Brücke den **Mühlenbach**.

Gleich hinter der Brücke verlassen wir den Weg, der sich als reizvolle Kopfweidenallee geradeaus fortsetzt, ohne Wegweisung nach links und folgen einem wenig ausgeprägten Wiesenpfad am idyllisch anmutenden **Mühlenbach** entlang bis vor die imposante **Getreidemühle** mit der einladenden **„Mühlenwirtschaft & Kaffeemühle Lychen"**. Vor der Brücke über den **Mühlenbach** überqueren wir die hier nicht ausgewiesene *Stabenstraße* und gelangen geradeaus, rechts an den Toilettenanlagen vorbei zu dem hier nicht ausgewiesenen *Müllergang*. Leicht ansteigend unterqueren wir das Mühlengebäude und erreichen am Ende des Ganges die *Clara-Zetkin-Straße,* der wir nach rechts zum *Markt* folgen. Rechts am **Rathaus** vorbei kommen wir auf der Straße *Am Markt* zur **St.-Johannes-Kirche**. Rechts an dem imposanten Bau entlang stoßen wir aus der *Kirchstraße* auf die hier nicht ausgewiesene *Vogelgesangstraße,* die uns nach links zur *Templiner Straße* führt. Dieser folgen wir nach rechts und verlassen an einem bescheidenen Rest der ehemaligen **Stadtmauer** vorbei die **Lychener Altstadt**. Über das zwischen **Oberpfuhl** und **Stadtsee** errichtete **Wehr** hinweg erreichen wir nach wenigen Schritten den **Parkplatz Templiner Straße/Kienofenpromenade**.

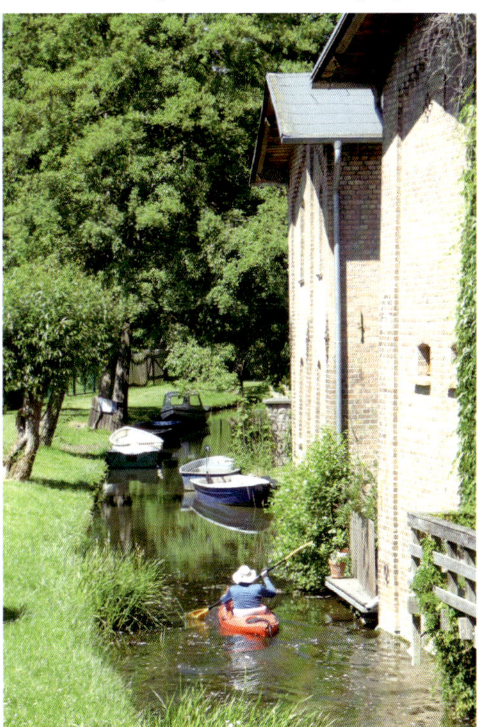

Unterwegs auf Lychens Mühlenbach – Wasserwanderer auf dem Weg vom Oberpfuhl zum Nesselpfuhl.

Lychen – Hohe Heide-Rundweg

Der „Hohe Heide-Rundweg“ hat viele Gesichter: Er bietet von prächtigem Buchenmischwald bewachsene Steilufer, Erlenbruchwälder, eine typische Heidelandschaft mit Kiefern und Heidelbeersträuchern, Wiesen und sumpfige Niederungen, einen klaren Rinnensee sowie einen putzmunteren Bachlauf. Und mittendrin das weltabgeschiedene Walddorf Küstrinchen.

Start/Ziel: Lychen, Parkplatz Templiner Straße/Kienofenpromenade
An-/Abfahrt mit öffentlichen Verkehrsmitteln: ab/bis Lychen mit der UVG-Buslinie 517 (aus/in Richtung Fürstenberg/Templin)
Anforderungen: Anstrengende Rundwanderung auf unterschiedlich breiten Wald- und Uferwegen, Rad- sowie verkehrsarmen Fahrwegen, eine kurze Straßenpassage, durchgängig markiert (Grünpunkt). Für Familien mit Kindern unter 12 Jahren nicht geeignet.
Streckenlänge: 21,3 Kilometer
Anstiege/Abstiege: 180 Höhenmeter
Einkehr: außerhalb von Lychen „Fischimbiss Küstrinchen“
Karte: Rad-, Wander- & Gewässerkarte „Fürstenberg/Havel, Lychen“
Sehenswertes: Dorfkirche Küstrinchen, Küstriner Bach

Vom **Parkplatz Templiner Straße/Kienofenpromenade** (zum Ort → S. 98f) halten wir uns vor dem **Stadtsee** (→ S. 90) nach rechts, überqueren die hier nicht ausgewiesene *Templiner Straße* und folgen dieser für wenige Meter nach rechts. Ein weitreichender Blick auf den **Oberfuhl** und wir gelangen mit *Wegweisung Templin* nach links auf einem geschotterten Fahrweg hinab an den **Zenssee** (Beginn der *Grünpunkt-Markierung*).

Der **Zenssee** ist mit gut einem Quadratkilometer flächenmäßig der zweitgrößte See des Lychener Seenkreuzes (→ S. 90). Der gut drei Kilometer lange, fast durchgängig 400 Meter breite und maximal 29 Meter tiefe Rinnensee ist überwiegend von steilen, mit Buchenmischwald bewachsenen Ufern umschlossen. Das zu den

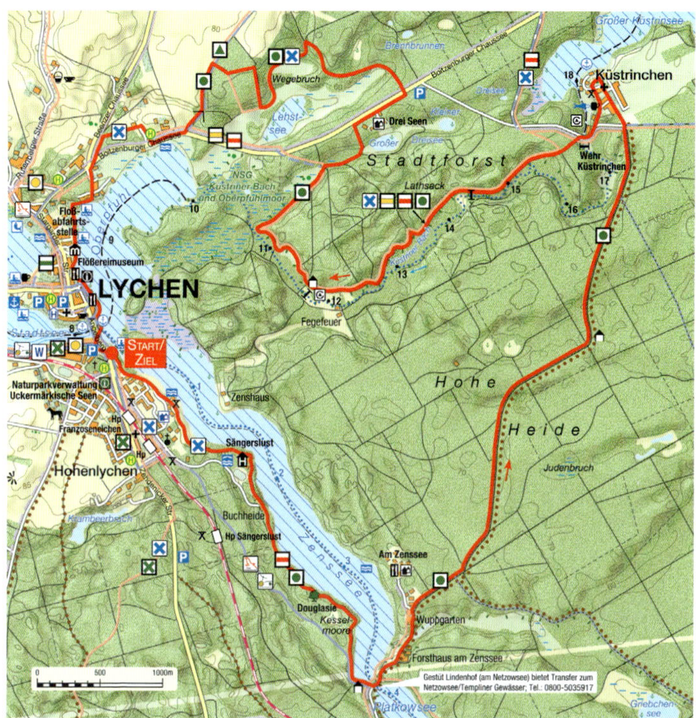

klarsten Seen der Region zählende Gewässer, das den Oberpfuhl und den Platkowsee verbindet, ist sehr fischreich, was „ansässige" Fischadler zu schätzen wissen.

Rechter Hand begleitet uns ein bewaldeter Hang, linker Hand passieren wir zahlreiche alte und neue Ferien- und Wochenendhäuser - allesamt in schöner Seelage. Hinter dem letzten Haus verengt sich der Fahrweg zu einem breiten Uferweg. Wo sich dieser verzweigt, halten wir uns links und erreichen unterhalb der villenartigen Gebäude der ehemaligen **Heilanstalten Hohenlychen** eine größere Badestelle samt Rasthütte. Auf dem nun schmalen, teils wurzeligen Uferweg setzen wir unsere Wanderung durch herrlichen Buchenmischwald fort. Bis zum Bootssteg des oberhalb des Uferhangs liegenden **„Waldhotels Sängerlust"** ist der Weg weitgehend eben, danach geht es in zunehmend spürbarem Auf und Ab bis zum Seeende. An einer Rasthütte vorbei erreichen wir einen asphaltierten Querweg, dem wir ohne Wegweisung nach links folgen. Leicht abwärts kommen wir zu einer Weggabelung, von der wir mit *Wegweisung Wuppgarten* nach wenigen Metern zur Brücke über die schmale Verbindung von **Zens-** und **Platkowsee** gelangen. Von dieser bietet sich eine schöne Sicht auf den gut zwei Kilometer langen, meist unter 300 Metern breiten Platkowsee. Der vollständig von Wald umgebene Rinnensee gehört zum gleichnamigen Naturschutzgebiet. Nach der Brücke gabelt sich der Weg ein weiteres Mal. Wir folgen mit *Wegweisung Küstrinchen* dem breiten Schotterweg. Nacheinander passieren wir das **Forsthaus Wuppgarten** und die Zufahrt zur **Pension „Am Zenssee"** und gelangen in das **Naturschutzgebiet Hohe Heide**, eine von Kiefern und Heidelbeersträuchern dominierte typische Heidelandschaft. Nach etwa 500 Metern gabelt sich der Weg, wir setzen unsere Wanderung auf dem linken Forstweg fort. Für die folgenden gut vier Kilometer heißt es nun: „auf dem Hauptweg immer geradeaus". Auf halber Wegstrecke passieren wir eine kleine Rasthütte und erreichen schließlich das erste Haus von **Küstrinchen**.

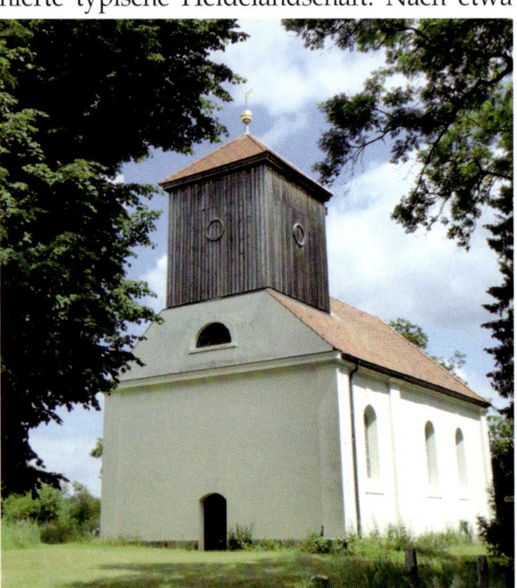

Dorfkirche in Küstrinchen

Weltabgeschieden, so präsentiert sich das 50-Seelen-Angerdorf **Küstrinchen**. Im Zentrum des erstmals 1299 urkundlich erwähnten ehemaligen Bauerndorfes steht die **Dorfkirche** (1741–47). Die schlichte Saalkirche, die nach einer langen Zeit des Verschlossenseins und der Fremdnutzung zwischen 2001 und 2012 aufwändig saniert wurde, birgt ein Altarretabel aus dem Jahr 1720, einen polygonalen Kanzelkorb aus dem Jahr 1699 sowie eine Fünte aus Messing aus dem Jahr 1759. Das Walddorf Küstrinchen ist heute ein Ortsteil von Lychen.

Wir verlassen den nach links einem Asphaltsträßchen folgenden Rundweg und gehen auf einem Schotterweg geradeaus in den Ort. Rechts haltend umrunden wir den fast vollständig von Linden gesäumten Dorfanger. Vor der **Dorfkirche** laden zwei von besonders prächtigen Exemplaren beschirmte Rundbänke zu einer beschaulichen Rast. Hinter dem roten Haus zweigen wir mit *Wegweisung Zur Fischerei* nach rechts auf eine schmale Asphaltstraße. Leicht abwärts münden wir in eine weitere Asphaltstraße, mit der wir auf den Rundweg zurückkehren. Rechts haltend gelangen wir zur Zufahrt des **„Fischimbiss Küstrinchen"**, wo **Fischer Karau** Frisch- und Räucherfisch anbietet. Über den **Küstriner Bach** hinweg zweigen wir ohne Wegweisung nach links auf einen breiten Waldweg. Ein Hinweis: Sollte der Weg am **Küstriner Bach** auf den ersten Metern überflutet sein, gehen wir auf der Asphaltstraße geradeaus bis zur *L 15* und folgen dieser für wenige Meter nach links zum Abzweig des Rundweges (Ersparnis 3,7 Kilometer, 30 Höhenmeter). Bei der Wegkreuzung gehen wir geradeaus und gelangen auf dem *Bootswagenweg* mit der *Wegweisung Schleuse 4* hinab an den **Küstriner Bach** und damit in das **Naturschutzgebiet Küstriner Bach und Oberpfuhlmoor**.

Der **Küstriner Bach** verbindet den Großen Küstrinsee mit dem Oberpfuhl und ist damit ein naturnaher Abschnitt des Lychener Gewässers (→ S. 90). Dank seines starken Gefälles (etwa 9 Meter auf 6,1 Kilometer Flusslänge) wurde der Bach seit Anfang des 18. Jahrhunderts bis in die zweite Hälfte des 20. Jahrhunderts zum Holzflößen genutzt. Hierzu gab es vier Floßschleusen, mit denen der Bach abschnittsweise angestaut werden konnte. Von diesen ist heute nur noch eine rudimentär vorhanden. Der überwiegend von Erlenbruchwald gesäumte flache Bachlauf weist eine hochwertige Fauna auf. Neben dem seltenen Eisvogel und Bachneunauge gibt es eine Population der vom Aussterben bedrohten Kleinen Bachmuschel. Zusammen mit dem in seinem „Mündungsbereich" liegenden Oberpfuhlmoor ist der Küstriner Bach seit 1989 unter Naturschutz gestellt. Dazu gehört, dass der bei Wasserwanderern beliebte Wasserweg nur bei einem Mindestpegel von 30 Zentimetern und nur stromabwärts befahren werden darf.

Auf einem der schönsten Wanderwege der Region begleiten wir den stark mäandernden Bach auf einem guten Waldweg mal ufernah, mal in einiger Entfernung ohne Sichtkontakt. Wir durchqueren ein Feuchtgebiet (oder auch nicht), wandern durch ein ausgeprägtes Tal, folgen bei einer Wegverzweigung der *Wegweisung Lychen* und erreichen schließlich die nur noch rudimentär erhaltene **Floßschleuse 4** samt der **Schutzhütte Fegefeuer**. Den idyllischen Rastplatz verlassen wir mit *Wegweisung Lychen*. Rechter Hand begleitet uns nun ein bewaldeter Hang, linker Hand nähert sich der Bach mehrmals dem bequemen Wanderweg. Wo dieser einen deutlichen Rechtsknick macht, trennen wir uns endgültig vom **Küstriner Bach**. Durch einen Erlenbruchwald steuern wir einen großen Platz an. Mit *Wegweisung Lychen* folgen wir einem Forstweg links an einer Unterstandshütte vorbei. Bei einer Wegteilung halten wir uns links. Den Waldweg verlassen wir nach etwa 100 Metern nochmals nach links. Nach wenigen Metern führt der schmale Weg links an einem hohen Drahtzaun entlang. Dieser umschließt den von vielen Bäumen blickdicht abgeschirmten **Ferienpark „Am Großen Dreisee"**. Dem parallel zur Landesstraße *(L 15)* führenden Radweg folgen wir nach rechts. Nachdem wir die unspektakuläre Zufahrt zur Ferienanlage überquert haben, gilt unsere ganze Aufmerksamkeit dem Abzweig eines nach links durch den Waldstreifen führenden Pfades, auf dem wir zur Landesstraße kommen. Vorsichtig über diese hinweg gelangen wir mit *Wegweisung Lychen* in den **Lychener Stadtforst**. Auf einem breiten Weg wandern wir hinab in die **Lehstsee-Niederung**. Hier wurde zwischen 1999 und 2006 ein Projekt zur Wiedervernässung des etwa sechs Hektar großen Durchströmungsmoores durchgeführt. Aus der Niederung geht es durch Mischwald aufwärts zu einem Querweg, dem wir über eine Geländeschulter hinweg nach rechts zu einer Wegkreuzung folgen. Scharf links führt uns der Waldweg hinab zu einer Wiese, an deren rechtem Rand wir unsere Wanderung fortsetzen. An einem Hochsitz vorbei tauchen wir am Ende der Wiese in einen Mischwald ein. Rechts an einem Feuchtgebiet und Erlenbruchwald entlang passieren wir einen großen Hochsitz. Linker Hand ist der gut acht Hektar große **Lehstsee** auszumachen. Einen Hochsitz weiter zweigen wir nach rechts auf einen teils grasigen, in drei Wellen spürbar ansteigenden Waldweg. Vor einem am Rand einer Wiese stehenden mobilen Bienenstock halten wir uns links, kommen zu einer Wegteilung und gelangen auf dem rechten Weg zu einem breiten Schotterweg, dem wir ohne Wegweisung nach links folgen. Auf dem sanft abfallenden Weg begleitet uns rechter Hand bis zur Landesstraße *(L 15)* ein ausgedehntes Feld, linker Hand Mischwald. Der Landesstraße folgen wir vorsichtig nach rechts zur kleinen Siedlung **Am Schlenken**. Hier bietet sich uns von der kleinen Badestelle eine schöne Sicht auf den **Oberfuhl**.

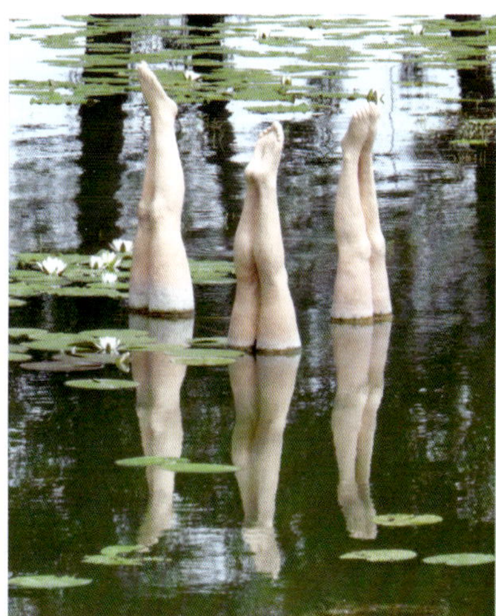

Abgetaucht im Oberpfuhl

Der **Oberpfuhl** gehört wie seine Nachbarn zum Lychener Seenkreuz (→ S. 90). Der überwiegend von sanft hügeligen Mischwäldern umschlossene See wird vom Küstriner Bach gespeist und entwässert über den Mühlenbach in den Nesselpfuhl sowie mit Hilfe eines Wehrs in den Stadtsee. Der überwiegend von Schilf gesäumte See bedeckt eine Fläche von 65 Hektar und weist eine maximale Tiefe von sechs Metern auf.

Hinter dem letzten Haus verlassen wir die Landesstraße nach rechts auf einem breiten Schotterweg, von dem wir nach zwanzig Metern vor einem Tor nach links auf einen schmalen Waldweg wechseln. In leichtem Auf und Ab gelangen wir zur hier nicht ausgewiesenen *Benzer Chaussee/L 23*. Dieser folgen wir nach links bis zur hier ebenfalls nicht ausgewiesenen *Boitzenburger Chaussee/L 15*. Über diese vorsichtig hinweg kommen wir geradeaus in die *Markgrafenallee*. In ihrem Linksknick gehen wir geradeaus auf den als *Markgrafenbusch* ausgewiesenen Schotterweg und kommen abwärts vor ein Tor. Rechts haltend durchstreifen wir auf einem unterschiedlich breiten (Wander-)Weg eine Ferienhaus- und Laubenkolonie. Bei einer Wegteilung halten wir uns links, folgen einem Querweg in gleicher Richtung, passieren eine kleine Hofanlage und münden schließlich in die am **Oberpfuhl** entlangführende *Strandpromenade*. Rechter Hand zeigt sich das **Flößereimuseum**, davor liegt der 1938 durch Nationalsozialisten zerstörte ehemalige **Jüdische Friedhof**, auf dem eine über 250 Jahre alte, 24 Meter hohe Stieleiche steht. Linker Hand befindet sich das Gelände des auf Floßfahrten spezialisierten Veranstalters **„Treibholz"**.

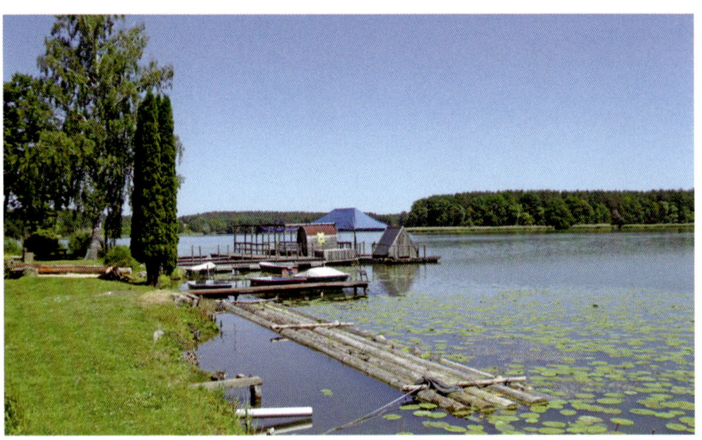

Am Oberpfuhl in Lychen wurden und werden Flöße „zusammengebaut".

Auf der Promenade überqueren wir im **Malerwinkel** den **Mühlenbach**, werfen über diesen hinweg einen Blick auf die ehemalige **Getreidemühle** und passieren die kleine **Freilichtbühne**. Vis-à-vis lädt das **„Strandcafé"** zur Einkehr. Von der *Strandpromenade* gelangen wir geradeaus in die *Gartenstraße*. Zur Wasserseite hin begleitet uns eine gepflegte Kleingartenanlage. Zwischen dem auf der **Schäferwiese** angelegten Spielplatz zur Linken und einem bescheidenen Rest der ehemaligen **Stadtmauer** zur Rechten erreichen wir die hier nicht ausgewiesene *Templiner Straße*. Dieser folgen wir nach links über das zwischen **Oberpfuhl** und **Stadtsee** errichtete **Wehr** hinweg zum nahen **Parkplatz Templiner Straße/Kienofenpromenade**.

Annenwalde – Auf den Spuren von „Meister Bockert“

Im Mittelpunkt der abwechslungsreichen Zwei-Seen-Wanderung um das beschauliche Künstlerdorf Annenwalde steht ein Lebewesen, das der Wanderer nur ganz selten zu Gesicht bekommen wird, dessen Spuren im Landschaftsbild aber unübersehbar sind: *Castor fiber* oder Europäischer Biber!

Start/Ziel: Annenwalde, Parkplatz Kirche/Glashütte
An-/Abfahrt mit öffentlichen Verkehrsmitteln: ab/bis Annenwald mit der UVG-Buslinie 517 (aus/in Richtung Templin/Fürstenberg)
Anforderungen: Wenig anstrengende Rundwanderung auf unterschiedlich breiten Wald- und Feldwegen sowie verkehrsarmen Fahrwegen. Für Familien mit Kindern unter 12 Jahren bedingt geeignet.
Streckenlänge: 9,2 Kilometer
Anstiege/Abstiege: 80 Höhenmeter
Einkehr: Landgasthaus „Kleine Schorfheide“ in Annenwalde
Karte: Rad-, Wander- & Gewässerkarte „Templin“
Sehenswertes: Glashütte Annenwalde, Kirche, Gutspark und Dorfensemble in Annenwalde, „Alte Gärtnerei Annenwalde“ und „Galerie Waldhus“ im Vorwerk Annenwalde

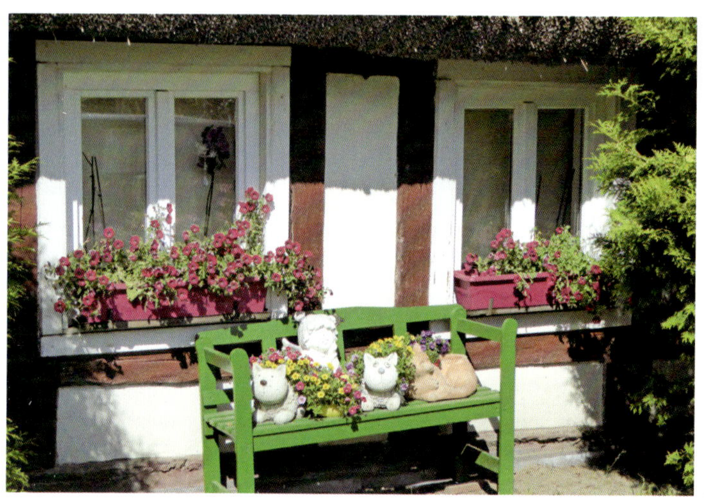

Fachwerkidylle in Annenwalde

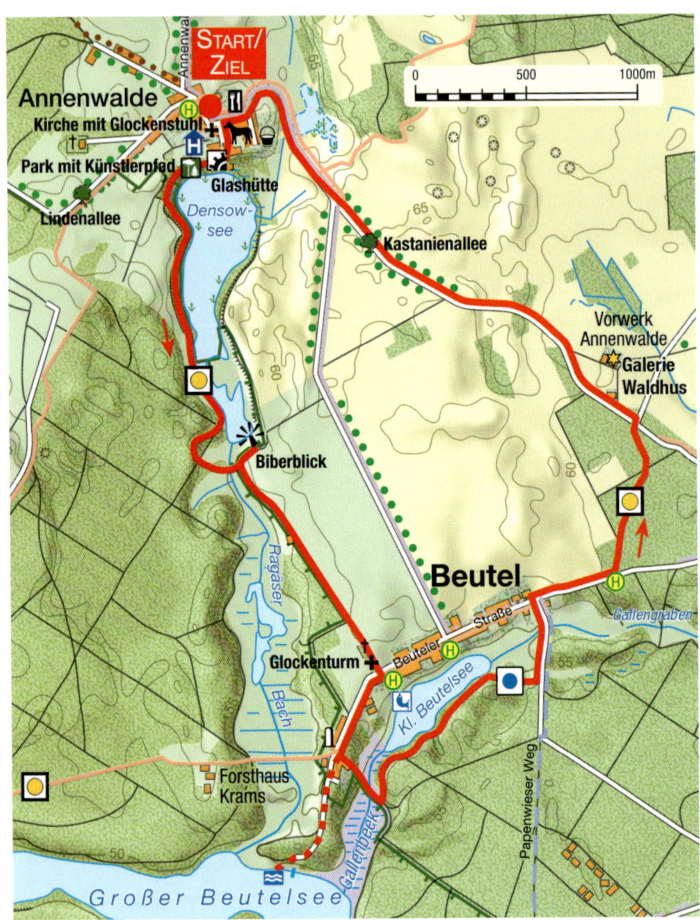

Auf dem seit 1375 wüst gefallenen Siedlungsplatz Densow entstand 1754 auf Betreiben von Amtsrat **Johann Friedrich Zimmermann** eine Glashütte samt Wohnquartieren für gut 20 Kolonistenfamilien. Zu Ehren seiner Mitgründerin, der Amtsrätin **Anna Margaretha Zimmermann**, erhielt das neue Dorf den Namen **Annenwalde.** Über einhundert Jahre blieb Annenwalde ein reines Glasmacherdorf, in dem Grünglas produziert wurde. Als sich dieses nicht mehr rentierte, wurde die Hütte 1865 stillgelegt.

Es ist dem 1995 gegründeten **Verein „Glashütte Annenwalde"** zu verdanken, dass nach 135 Jahren das Glasmacherhandwerk nach

Annenwalde zurückkehrte: Im Jahr 2000 öffnete die **Glashütte Annenwalde**. In dem scheunenartigen Neubau betrieb der Bildhauer und Glasgestalter **Werner Max Korthe** bis 2020 ein Atelier und eine Galerie. Zahlreiche seiner Glas-Kunst-Objekte sind im ehemaligen, aufwändig sanierten **Gutspark** ausgestellt. Seit 2021 beherbergt die Glashütte neben einer Verkaufsausstellung eine große Werkstatt für Fusingglaskunst. Interessierte erhalten einen Einblick in die kunstvolle Schmelztechnik und können in Kursen selbst kreativ werden. Neben Korthe haben sich seit 1990 mehrere Maler, Bildhauer und Glasgestalter im Dorf niedergelassen. Annenwalde gilt seitdem als „Künstlerdorf“.

Im Zentrum des bilderbuchschönen Dorfes, heute ein Ortsteil von Templin, steht die von **Karl-Friedrich Schinkel** (1781–1841) entworfene turmlose **Kirche** (1833). Der von mächtigen Linden beschattete klassizistische Bau gilt als ein Vertreter der vom preußischen „Stararchitekten“ entwickelten „Normalkirche“. Aus der Gründungszeit des Dorfes stammt die **Strohreihe**. Das reetgedeckte Fachwerkreihenhaus gab mit seinen 45 Quadratmeter „großen“ Wohnungen vier Glasmacherfamilien einen Wohn- und Lebensraum. Neben weiteren schmucken Fachwerkhäusern bietet das Dorf ein auf dem ehemaligen Gutsgelände angesiedeltes **Trabergestüt**, den traditionsreichen **Landgasthof „Kleine Schorfheide“** (um 1795) und die pittoreske Ruine der ehemaligen Schnapsbrennerei. Hinter dem neuen **Gutshaus** (2002) erstreckt sich der nördlichste **Weinberg** Brandenburgs: Auf den zum Densowsee abfallenden Terrassen gedeihen seit 2003 an 520 Rebstöcken die Trauben der Sorte Regent. Eine normale Ernte erbringt gut 500 Flaschen trockenen Rotwein.

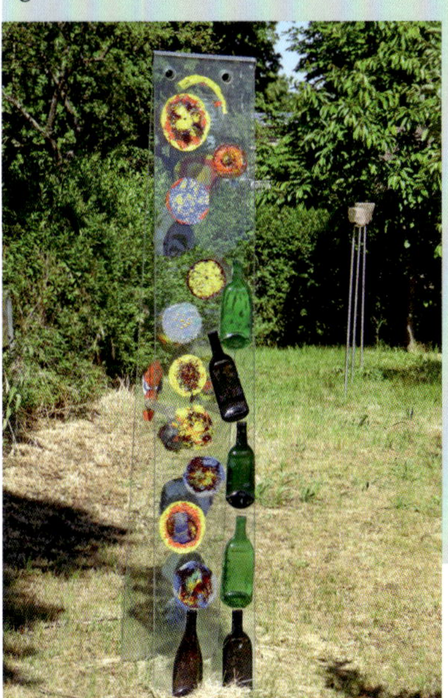

Im Gutspark von Annenwalde finden sich zahlreiche Exponate aus der nahen Glashütte.

Vom **Parkplatz** an der Kirche rechts vorbei folgen wir der *Wegweisung Familie Biber* nach links. Am Ende des Fahrweges gelangen wir rechts haltend in den oberhalb des **Densowsees** liegenden **Gutspark**. Auf Höhe einer roten Glaspyramide führt ein Waldweg hinab an den See (kein Hinweis!) - nach wenigen Metern zeigt uns die Gelbpunkt-Markierung, dass wir auf dem richtigen Weg sind. Vor dem flachen See stoßen wir auf einen Querweg, dem wir nach rechts am schilfgesäumten Seeufer entlang durch einen bewaldeten Hang folgen. Am Ende des Sees gelangen wir in das schwach ausgeprägte **Ragöser Bachtal**. Zwischen dem bewaldeten Hang zur Rechten und dem von Wiesen überzogenen Hang zur Linken erstreckt sich im Talgrund ein vom **Ragöser Bach** durchflossenes Feucht- und Schilfgebiet, ein idealer Lebensraum für **Biber**.

Im Herbst 2000 haben zwei aus der Havelregion in das Ragöser Bachtal eingewanderte **Biberfamilien** mit einem über 70 Meter langen, mit Schlamm verschmierten Knüppeldamm den Abfluss des Densowsees in den Ragöser Bach unterbrochen. Was den See um fast einen Meter ansteigen ließ, diente den Pflanzenfressern als Sicherung ihrer Burg: Die Wohnkammer der Biberburg liegt immer über, der Burgeingang unter Wasser. Fällt der Wasserstand, heißt es für den bis zu einen Meter langen und bis zu 30 Kilogramm schweren „Landschaftsarchitekten" Wasser stauen! In weiteren „Projekten" haben die nachtaktiven Wasserbauer den ursprünglich schmalen Ragöser Bach in einen flachen Wiesensee umgestaltet. Für Interessierte gibt es ab Annenwalde Biberführungen.

Die Annenwalder Biber sind vermutlich Nachkommen der in den 1930er-Jahren in der angrenzenden Schorfheide angesiedelten Artgenossen – um 1900 waren die Biber in Brandenburg weitgehend ausgerottet.

Am Ende des Feuchtgebiets überqueren wir auf einem Bohlenweg den **Ragöser Bach**, über den der **Densowsee** in den **Großen Beutelsee** entwässert. Bevor wir unsere Wanderung nach rechts fortsetzen, suchen wir den wenige Meter entfernten **Aussichtsturm „Biberblick"** auf. Auch wenn wir „Meister Bockert" kaum zu Gesicht bekommen werden, lohnt die Besteigung des Turms allein schon wegen der großartigen Sicht auf sein „Arbeitsge-

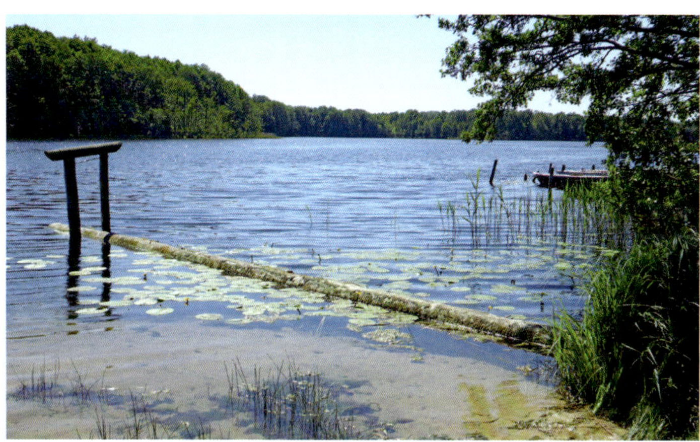

Blick über den Großen Beutelsee

biet“. Auf einem gut begehbaren Feldweg erreichen wir das ab 1749 von Kolonisten besiedelte Dorf **Beutel** (Ende der *Gelbpunkt-Markierung*). Links am Friedhof vorbei, auf dem ein freistehender Glockenturm im Fachwerkstil einen Blick lohnt, münden wir in die hier nicht ausgewiesene *Beuteler Straße*. Mit *Wegweisung Kleiner Beutelsee* gelangen wir nach rechts auf der gepflasterten Dorfstraße bis vor eine Straßenverzweigung. Wer einen Blick auf den von Wald umsäumten **Großen Beutelsee** werfen und/oder in ihm schwimmen möchte, folgt der entsprechenden Wegweisung bis zur gut ausgestatten Badestelle (Mehraufwand 1,2 Kilometer). Vor einer Sitzgruppe links haltend gelangen wir auf dem *Rundweg Kleiner Beutelsee* (Beginn der spärlichen *Grünpunkt-Markierung*) auf einen niedrigen Wiesendamm, über den wir das von der **Gallenbeek** durchflossene Schilfgebiet durchqueren. An dessen Ende lenkt uns die bekannte Wegweisung nach links auf einen schmalen Waldweg. In leichtem Auf und Ab queren wir zunächst den zum **Kleinen Beutelsee** abfallenden bewaldeten Hang und gelangen schließlich an das Ufer des schilfumsäumten flachen Gewässers. Vom östlichen Seeende erreichen wir nach wenigen Schritten einen breiten Forstweg, dem wir ohne Wegweisung nach links folgen. Wir überqueren den hier fast vollständig überwachsenen **Gallengraben**, den Zu- und Abfluss des **Kleinen** und **Großen Beutelsees**, und kommen nach wenigen Metern zum Ortsrand von **Beutel** (Ende der *Grünpunkt-Markierung*). Der hier nicht ausgewiesenen *Beuteler Straße/K 7329* folgen wir nach rechts bis zur Bushaltestelle am Waldrand. Mit *Wegweisung Vorwerk Annenwalde* (Beginn der *Gelbpunkt-Markierung*) zweigen wir nach links auf einen Forstweg, durchqueren einen Kiefernwald und erreichen eine Wegkreuzung. Mit *Wegweisung Annenwalde* folgen wir dem *Märkischen Landweg* nach links und erreichen nach wenigen Metern das **Vorwerk Annenwalde**. Hier lohnen der Bio-Landwirtschaftsbetrieb **„Alte Gärtnerei Annenwalde"** und die **„Galerie Waldhus"** des Malers, Grafikers und Holzbildhauers **Peter Westphal** einen Besuch. Nachdem wir das **Vorwerk** passiert haben, führt uns der Weg durch sanft hügeliges Acker- und Weideland. Durch eine alte, teils lückenhafte Kastanienallee erreichen wir die Kreisstraße (*K 7329*), der wir mit *Wegweisung Annenwalde* nach rechts folgen. Links an einem Wiesensee vorbei gelangen wir leicht ansteigend in den angezeigten Ort (Ende der *Gelbpunkt-Markierung*). Am einladenden **Landgasthof „Kleine Schorfheide"** links vorbei erreichen wir nach wenigen Schritten den **Parkplatz an der Kirche**.

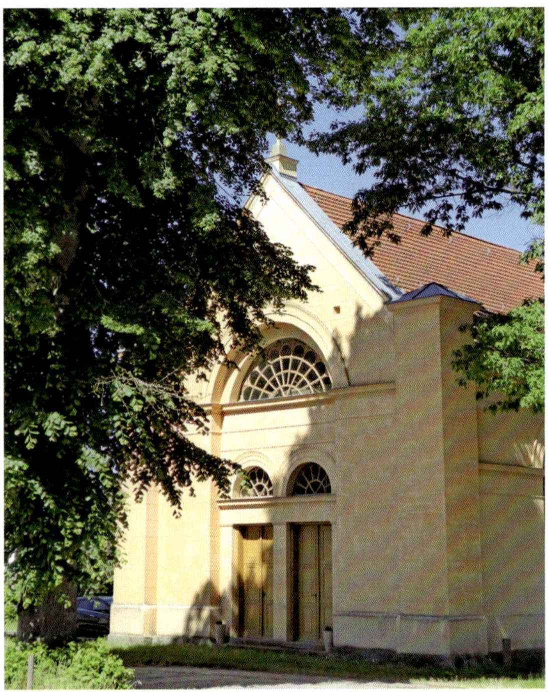

Die Dorfkirche in Annenwalde ist ein Schinkelbau.

Templin – Seenquartett: Templiner Stadtsee, Bruchsee, Fährsee und Lübbesee

Die Vier-Seen-Rundtour in der östlichen Templiner Seenplatte verläuft überwiegend auf abwechslungsreichen, oft wenig begangenen Uferwegen. Wer sich zudem gerne im Wasser bewegt, findet an jedem der besuchten Seen größere, gut ausgestattete oder kleine, verschwiegene Badestellen.

Start/Ziel: Templin, Parkplatz am Strandbad
An-/Abfahrt mit öffentlichen Verkehrsmitteln: ab/bis Templin mit der UVG-Buslinie 517 (aus/in Richtung Lychen/Fürstenberg)
Anforderungen: Mäßig anstrengende Rundwanderung auf gut begehbaren Wald- und Ufer- sowie verkehrsarmen Fahrwegen, eine längere Straßenpassage, durchgängig markiert (Rotpunkt und/oder Grünstrich). Für Familien mit Kindern unter 12 Jahren bedingt geeignet.
Streckenlänge: 14,9 Kilometer
Anstiege/Abstiege: 80 Höhenmeter
Einkehr: außerhalb von Templin Hotel-Restaurant „Fährkrug" am Fährsee, Gaststätte „Anco" in Ahrensdorf, „Smutjes Kombüse" in Templin-Postheim
Karte: Rad-, Wander- & Gewässerkarte „Templin"
Sehenswertes: Seenlandschaft

Vom **Parkplatz am Strandbad** (zum Ort → S. 123ff) folgen wir einem breiten Weg links am **Wasserturm** vorbei (Beginn der *Rotpunkt- und Grünstrich-Markierung*), passieren eine reizvoll am **Templiner Stadtsee** (→ S. 127) gelegene Kleingartenanlage und gelangen leicht abwärts zum weiträumigen Gelände des **Wasserwerks** mit der **Jungfernquelle**. Auf dem anfänglich breiten Uferweg erreichen wir den **Bootslagerplatz des „Kanusportvereins Templin"**. Vom oberen Rand des mit prächtigen Buchen bestandenen Steilhangs grüßt das trotz jahrlangem Verfall immer noch imposante Gebäude des ehemaligen **Joachimsthalschen Gymnasiums**. Der reizvolle Uferbummel führt uns in leichtem Auf und Ab an einer schön gelegenen Rasthütte vorbei in eine Senke. Die von ausgedehnten Schilfflächen gesäumte, kaum 50 Meter breite Seeverengung bildet die natürliche „Verbindung" von **Templiner Stadtsee** und **Bruchsee**.

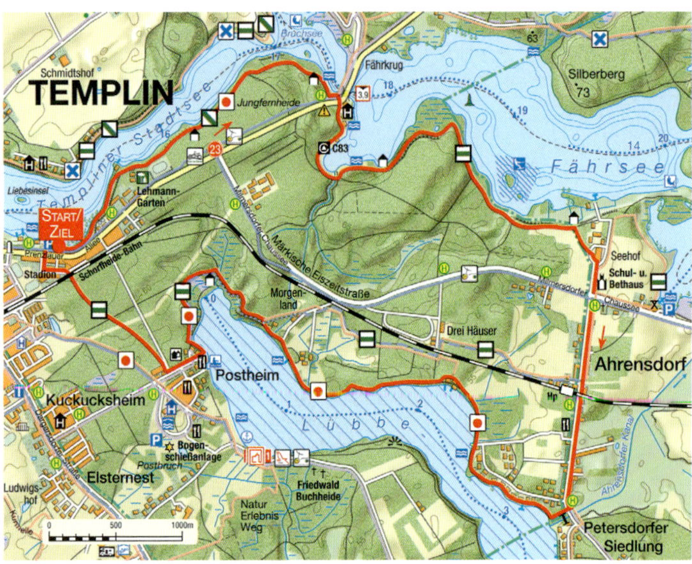

An dessen Ufer führt uns der ebene Weg zu einer einladenden Badestelle samt Rasthütte. Verabschiedet von einer netten hölzernen Figurengruppe erreichen wir einen Parkplatz, über den wir zur Bundesstraße *(B 109)* gelangen (Ende der *Rotpunkt-Markierung*).

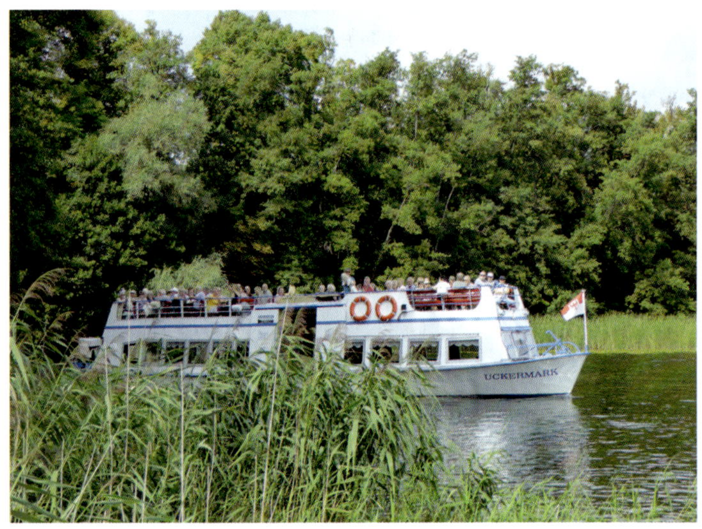

 Einfahrt aus dem Bruchsee in den Fährsee

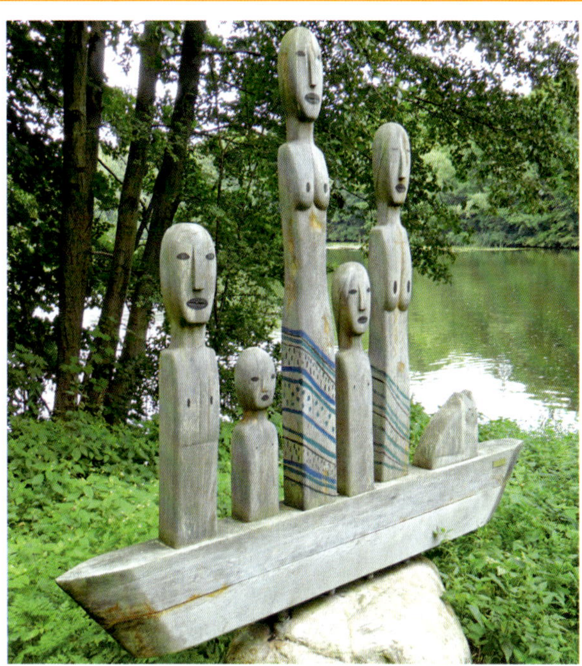

Am Bruchsee entdeckt.

Linkshaltend unterqueren wir die Eisenbahnbrücke der stillgelegten Bahnstrecke Templin-Prenzlau und gelangen zum **Hotel-Restaurant „Fährkrug"**. Vor dem Parkplatz des reizvoll gelegenen Landgasthofs folgen wir der *Wegweisung Ahrensdorf* nach rechts. Auf einem breiten Fahrweg erreichen wir das Areal des **„Camping am Fährsee"**.

Der von dichten Wäldern umsäumte **Fährsee** ist mit einer Fläche von gut 2,2 Quadratkilometern der drittgrößte See der Templiner Seenkette. In dem maximal vierzehn Meter tiefen See liegen zwei Inseln, die Fischerinsel und die Kanincheninsel. Die deutlich abgegrenzte Bucht im Südosten des Sees gilt als eigenständiger See (Zaarsee). Der fischreiche Fährsee wird durch den Ahrensdorfer Kanal aus dem Lübbesee, durch den Labüskekanal aus dem gleichnamigen See sowie durch den Kuhzer Seegraben bewässert, er entwässert seinerseits in den Bruchsee. Zusammen mit dem Zaarsee bildet der Fährsee den östlichen Abschnitt der Bundeswasserstraße Templiner Gewässer (→ S. 127).

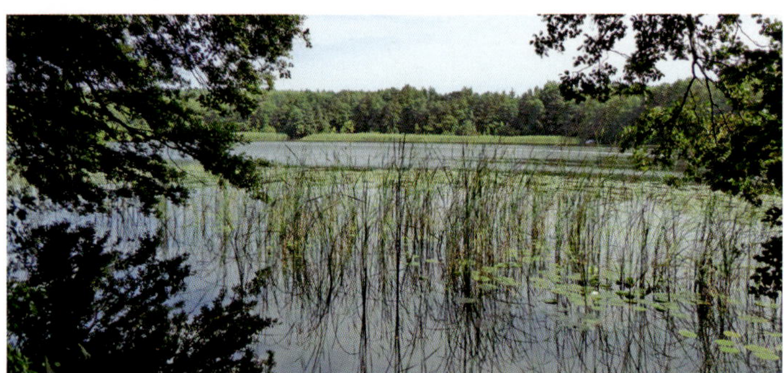

Der von Schilf umsäumte Fährsee

Wir durchqueren den ausgedehnten Campingplatz und treffen an seinem südlichen Ende auf das **„Nixenbad“**, eine schöne Badestelle samt Unterstandshütte und großartiger Seesicht. Mit *Wegweisung Ahrensdorf* folgen wir einem breiten Waldweg zunächst in Ufernähe, umgehen eine breite Schilfzone landwärts und kommen danach wieder an den Uferbereich zurück. Bei einer Weggabelung setzen wir unsere Wanderung auf dem linken Ast fort. Aus dem Wald hinaus erreichen wir Wiesengelände, in dem der Weg spürbar ansteigt. Auf dem höchsten Punkt, von dem ein bewaldeter Steilhang zum See abfällt, teilt sich der Weg. Wir entscheiden uns für den linken, schmaleren und sanft abfallenden Weg, der uns zu einer großen Ackerfläche führt. An dessen linken Rand passieren wir eine Unterstandshütte und erreichen nach wenigen Metern die Siedlung **Zum Seehof**. Der gleichnamigen Straße folgen wir nach rechts bis nach **Ahrensdorf**. Über die *Milmersdorfer Chaussee* geradeaus hinweg gelangen wir mit *Wegweisung Templin über Lübbesee* in die *Petersdorfer Straße*. „Mischbebauung“ im wahrsten Sinne des Wortes begleitet uns durch das 1771 angelegte ehemalige Kolonistendorf, heute ein Ortsteil von **Templin**. Am *Haltepunkt Templin-Ahrensdorf* überqueren wir das Gleis der Bahnstrecke Templin–Britz (Ende der *Grünstrich-Markierung*) und folgen der *Petersdorfer Straße* an der **Gaststätte „Anco“** vorbei, zuletzt linkshaltend bis zum Ortsschild. Vor der Brücke über den **Ahrensdorfer Kanal** zweigen wir ohne Wegweisung nach rechts auf einen den schmalen Kanal begleitenden Wanderpfad (Beginn der *Rotpunkt-Markierung*). An einem kleinen Wehr vorbei erreichen wir eine verschwiegene Badestelle am **Lübbesee**.

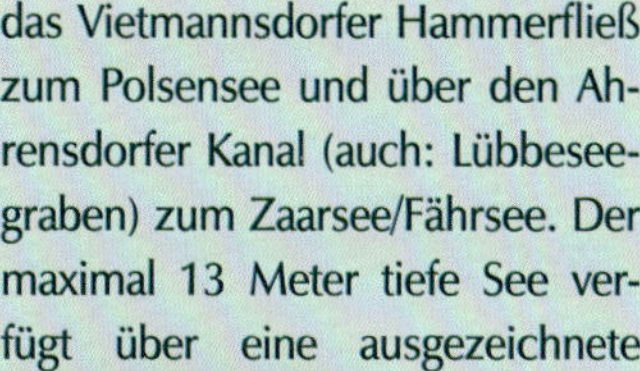

Der fast vollständig von Wäldern gesäumte **Lübbesee** ist ein flussartiger See. Der drei Quadratkilometer große, zwölf Kilometer lange und maximal 350 Meter breite Grundwassersee entwässert über das Vietmannsdorfer Hammerfließ zum Polsensee und über den Ahrensdorfer Kanal (auch: Lübbeseegraben) zum Zaarsee/Fährsee. Der maximal 13 Meter tiefe See verfügt über eine ausgezeichnete Wasserqualität. Für Boote mit Verbrennungsmotor ist er gesperrt.

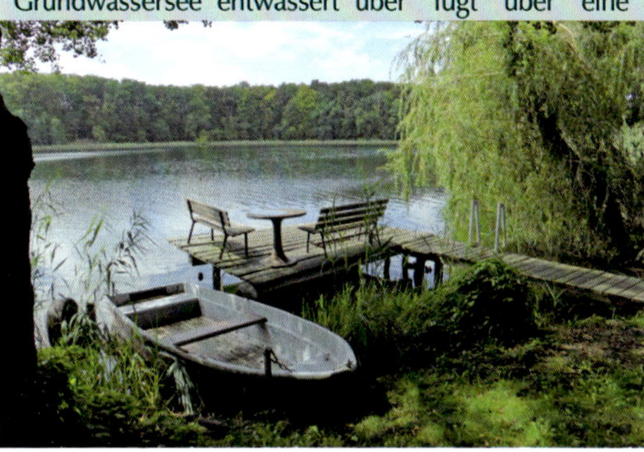

Lauschiges Plätzchen am Lübbesee.

Ohne Wegweisung folgen wir nun einem abschnittsweise bewachsenen und gelegentlich feuchten Pfad nach rechts. Linker Hand begleitet uns hohes Schilf, in dem sich die zu den Ferienhäusern gehörenden, teils aufwändig gestalteten Boots- und Badestege „verstecken“. Hinter der Siedlung weitet sich der Pfad zu einem breiteren Uferweg, auf dem wir zu einer einladenden Badestelle mit großer Liegewiese und überdachtem Sitzplatz gelangen. Durch einen von Erlen dominierten Mischwald setzen wir unsere Wanderung fort, überqueren mit Hilfe einer Brücke einen Graben und kommen zu einer kleinen Siedlung, die wir rechts umgehen. Wir stoßen auf einen Querweg, dem wir nach rechts folgen. In Sichtweite zum See führt uns der unterschiedlich breite Weg in leichtem Auf und Ab durch Mischwald. Links an einer großen Wiese entlang überqueren wir mit einer weiteren Brücke einen Wassergraben. An zwei einzelnen Häusern links vorbei stoßen wir auf einen Querweg, dem wir mit *Wegweisung Templin* nach links folgen (Beginn der *Grünstrich-Markierung*). Über eine Geländeschulter, die zum See hin steil abfällt, gelangen wir durch schönen Buchenwald zu einem Querweg. Linkshaltend erreichen wir nach wenigen Metern einen breiten Forstweg, auf dem wir mit *Wegweisung Seehotel* an einer Unterstandshütte vorbei nach **Postheim** kommen.

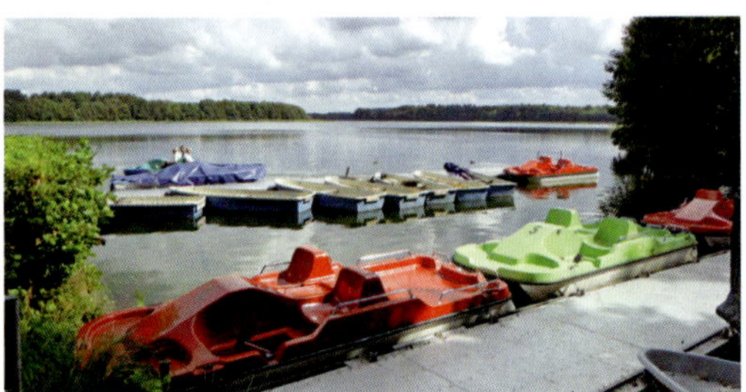

Ein gut bestückter Verleih in Templin-Postheim lockt zu einer Bootspartie auf dem Lübbesee.

Der Templiner Stadtteil **Postheim** hat seinen Ursprung in der 1908 erfolgten Eröffnung einer Erholungseinrichtung für Berliner Postbeamte. Bis 1914 entstanden hier 17 Häuser mit insgesamt 188 Wohnungen. 1938 wurde die Nutzung als Erholungseinrichtung beendet, 1945 das Viertel zu einem allgemeinen Wohngebiet umgestaltet. In seiner Nachbarschaft eröffnete 1984 das zwölfgeschossige FDGB-Ferienheim „Friedrich Engels" mit 700 Zimmern und insgesamt 1023 Betten. Der weithin sichtbare, 2015/16 vom Leipziger Maler Michael Fischer-Art mit „einem der größten Fassadenkunstwerke Europas" aufgepeppte Plattenbau beherbergt seit 2010 das „Ahorn Seehotel Templin". Mit seinen heute 409 Zimmern gehört es zu den größten Hotelanlagen Brandenburgs.

Aus dem Wald hinaus bietet sich uns eine schöne Sicht auf den **Lübbesee**. Vom gleichnamigen **Naturhafen** lockt **„Smutjes Kombüse"** mit einer einladenden Seeterrasse zur Einkehr. Rechtshaltend setzen wir unsere Wanderung auf der hier nicht ausgewiesenen *Heimstraße* fort. Hinter dem weißen Haus mit der Nummer 28 zweigen wir mit *Wegweisung Prenzlauer Allee* nach rechts auf einen Forstweg. Nach etwa 100 Metern verlassen wir diesen nach links und setzen unsere Wanderung auf einem schmaleren Waldweg fort. Auf diesem gelangen wir immer geradeaus in leichtem Auf und Ab durch prächtigen Buchenwald bis zum Querweg vor den Gleisanlagen (Ende der *Rotpunkt- und Grünstrich-Markierung*). Geradeaus über diese hinweg münden wir in die hier nicht ausgewiesene *Friedericke-Krüger-Straße*, der wir nach links folgen. Rechts am **Stadion der Freundschaft** entlang erreichen wir über die *Prenzlauer Allee* hinweg den **Parkplatz am Strandbad**.

Templin – Um den Templiner Stadtsee und Gleuensee

Man muss schon sehr genau hinsehen, um in der Templiner Seenkette einen alten Flusslauf zu erkennen. Ob Fluss oder Seenplatte – für die abwechslungsreiche, überwiegend ufernahe Wanderung am Templiner Stadtsee und Gleuensee sowie an dem beide verbindenden Bruchsee spielen nicht geologische Besonderheiten sondern das Landschaftserlebnis die Hauptrolle.

Start/Ziel: Templin, Parkplatz am Stadthafen
An-/Abfahrt mit öffentlichen Verkehrsmitteln: ab/bis Templin mit der UVG-Buslinie 517 (aus/in Richtung Lychen/Fürstenberg)
Anforderungen: Mäßig anstrengende Rundwanderung auf gut begehbaren Wald- und Ufer- sowie verkehrsarmen Fahrwegen, zwei längere Straßenpassagen, durchgängig, aber lückenhaft markiert (Grünstrich). Für Familien mit Kindern unter 12 Jahren bedingt geeignet.
Streckenlänge: 14,8 Kilometer
Anstiege/Abstiege: 100 Höhenmeter
Einkehr: außerhalb von Templin Restaurant-Café „Seeblick“ am Stadtsee, Hotel-Restaurant „Fährkrug“ am Fährsee
Karte: Rad-, Wander- & Gewässerkarte „Templin“
Sehenswertes: Prenzlauer Tor, Museum für Stadtgeschichte

Der (Altstadt-)Kern der 1270 als *Templyn* erstmals urkundlich erwähnten Stadt **Templin** ist seit Ende des 13. Jahrhunderts von einer 1735 Meter langen und bis zu sieben Meter hohen Feldsteinmauer umschlossen. In der **Stadtmauer**, die Überschwemmungen, Stadtbrände und Kriegshandlungen weitgehend unbeschadet überstanden hat, sind neben 47 Wiekhäusern, dem **Pulverturm** und **Eulenturm** drei backsteinerne Stadttore (alle 14. Jahrhundert) erhalten: Das zweigeschossige **Mühlentor** ist der kleinste und älteste Torbau. Das dreigeschossige **Berliner Tor** ist mit einer repräsentativen Fassade zur Stadtseite ausgestattet – norddeutsche Backsteingotik „vom Feinsten“. Der Turm wird heute für eine Ausstellung zu altem Handwerk genutzt. Das **Prenzlauer Tor** ist das jüngste und mit seinem Vortor und dem Zwinger das vollkommenste Stadttor. Es beherbergt heute das **Museum für Stadtgeschichte**. Das

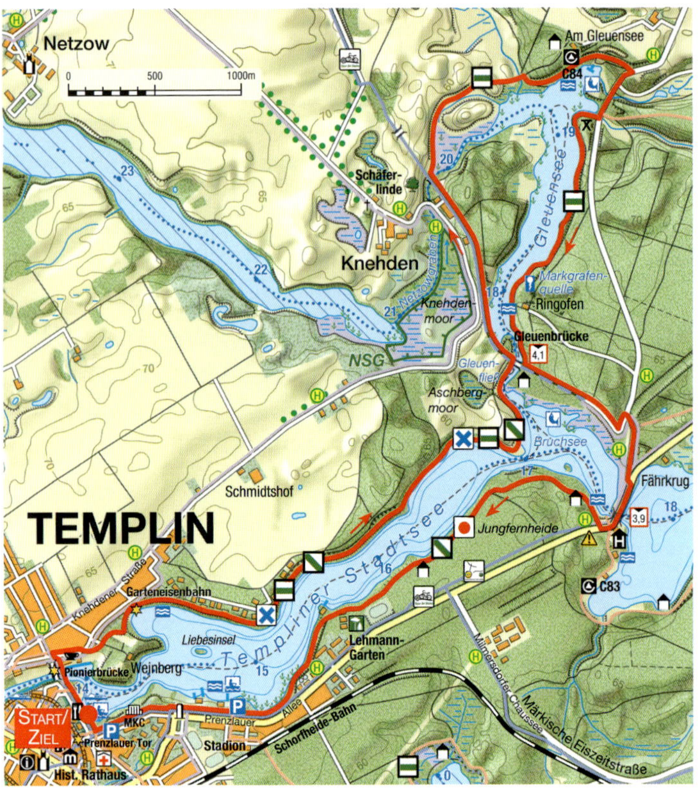

bauhistorisch einzigartige Juwel „mittelalterliche Stadtmauer" kann altstadtseitig auf einem stilgerecht gepflasterten Weg vollständig umrundet werden. Im Zentrum der zuletzt 1735 von einem verheerenden Stadtbrand fast vollständig zerstörten Altstadt befindet sich der große quadratische, von einer Lindenallee umsäumte **Marktplatz**. Auf ihm steht seit 1751 das barocke, turmgekrönte (ehemalige) **Rathaus**. Neben dem aufwändig gestalteten dreigeschossigen Putzbau behauptet sich seit 1871 eine imposante Friedenseiche. Die wegen ihres 70 Meter hohen Turms weithin sichtbare barocke **St.-Maria-Magdalenen-Kirche** (1735–49) gründet auf den Fundamenten eines gotischen Vorgängerbaus, von dem die Sakristei mit dem charakteristischen Kreuzrippengewölbe und der Unterbau des Turmes aus Feldsteinmauerwerk erhalten sind *(Mühlenstraße)*. Alle Stadtbrände überstanden hat die gotische **St.-Georgen-Kapelle**

(14. Jh.). Das älteste Gebäude des Ortes beherbergt einen Flügelschrein aus dem 15. Jahrhundert *(Berliner Straße)*. Über die Altstadt verteilt finden sich zahlreiche nach 1735 erbaute, meist liebevoll gepflegte Fachwerkhäuser. Das reizvollste und älteste Ensemble findet sich in der **Rühlstraße.**

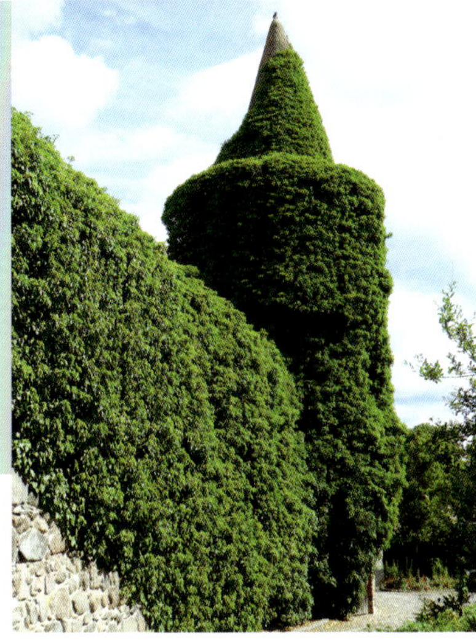

Templins gut erhaltene, historische Stadtmauer mit dem Pulverturm

Außerhalb der Altstadt des seit 1994 „staatlich anerkannten Erholungsorts" eröffnete 2000 die **NaturThermeTemplin**. In dem Gesundheits- und Spaßbad kommt eine aus 1650 Metern Tiefe geförderte, fast 58 Grad Celsius warme und über einen Salzgehalt von 15 Prozent verfügende Thermalsole (in abgeschwächter Form) zum Einsatz – Templin versteht sich seitdem als „Thermalsoleheilbad" *(Dargersdorfer Straße)*.

Übrigens: Nach zahlreichen, überwiegend 2003 erfolgten Eingemeindungen ist die knapp 16.000-Einwohner-Stadt Templin heute die flächenmäßig achtgrößte Stadt der Bundesrepublik Deutschland – insoweit bewegen wir uns auf allen Wanderungen im Bereich der Templiner Seenkette auf städtischem Boden.

Vom **Parkplatz am Stadthafen** folgen wir der hier nicht ausgewiesenen *Seestraße* nach rechts. Links an der **Feuerwache** vorbei gelangen wir sanft ansteigend zur überdachten **Pionierbrücke** (2003/04), mit deren Hilfe wir den **Templiner Kanal** überqueren.

Nach der Brückenpassage folgen wir mit *Wegweisung Fährkrug* der *Weinbergstraße* nach rechts (Beginn der *Grünstrich-Markierung*). Auf Höhe des Hauses mit der Nummer 32 gelangen wir

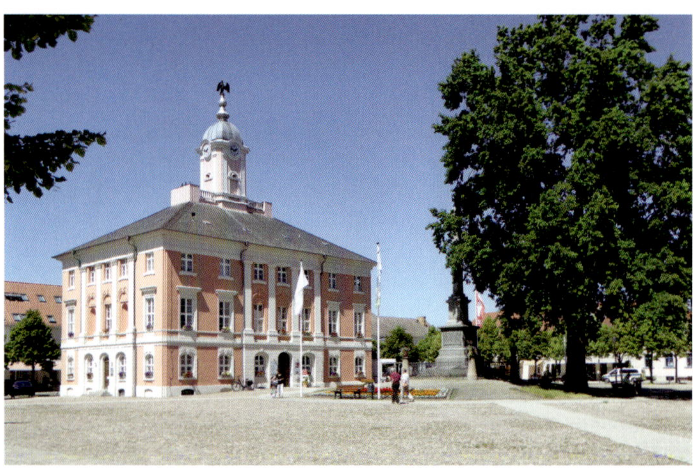

Marktplatz Templin mit barockem Rathaus

mit *Wegweisung Weinbergstraße 23* nach rechts auf einen geschotterten Fahrweg, von dem wir nach wenigen Metern nach links auf den *Uferweg* zweigen. An dem uns linker Hand begleitenden Hang erwartet uns ein Sammelsurium unterschiedlichster Wohn-, Ferien- und Wochenendhäuser. Gemeinsam ist ihnen meist ein terrassenartig angelegter Garten und eine weitreichende Sicht auf den **Templiner Stadtsee**. Wenn wir den rechter Hand begleitenden Mischwald hinter uns gelassen haben, gibt es auch vom Uferweg schöne Ausblicke auf den schilfgesäumten See. Mehr als nur einen flüchtigen Blick verdient die private **„Garten-Eisenbahn"**, die seit 1986 nicht nur ihren Erbauer erfreut. Das aussichtsreich gelegene **Restaurant-Café „Seeblick"** passieren wir wohl zur „falschen" Zeit. Hinter dem letzten Haus führt der gut begehbare Wanderweg in Ufernähe durch einen ausgedehnten Mischwald. Mit Eintritt in das **Naturschutzgebiet Netzowsee-Metzelthiner Feldmark** begleitet uns linker Hand sanft hügeliges Weideland. An dessen rechten Rand verlassen wir das Ufer des **Templiner Stadtsees** und gelangen an das Ufer des **Bruchsees**. Neben der mit Seerosen bedeckten kanalartigen Verbindung von **Bruchsee** und **Gleuensee** stoßen wir auf den Damm der ehemaligen Bahnstrecke Fährkrug–Fürstenwerder (1913–1945). Wer auf die Umrundung des **Gleuensees** verzichten möchte, folgt der *Wegweisung Fährkrug* nach rechts über die **Gleuenbrücke** hinweg (Ersparnis 4,8 Kilometer, 40 Höhenmeter).

Die Seenkette des **Templiner Gewässers** ist ein alter Nebenfluss der Havel. Im Jahr 1745 begann seine Erschließung für die Schifffahrt. Von der einst 35,5 Kilometer langen Wasserstraße, die unweit der „Quelle" Ochsenbruch vom Lübelowsee über fünf Schleusen zur Havel führte, ist heute die 22 Kilometer lange **Bundeswasserstraße Templiner Gewässer** übriggeblieben. Diese führt vom Zaarsee durch den Fährsee, den Bruchsee, den Templiner Stadtsee, den Templiner Kanal, den Röddelinsee, den Großen und Kleinen Lankensee und den Großen Kuhwallsee zur Havel und benötigt auf dieser Strecke zwei Schleusen (Templin, Kannenberg). Als Bundeswasserstraße darf das Zweiggewässer der Oberen Havel-Wasserstraße von Booten mit Verbrennungsmotoren befahren werden: Die Templiner Ausflugsschifffahrt nutzt diese Regelung für sehr reizvolle Unternehmungen („Fünf-Seen-Fahrt", „Schleusentour").

Der **Templiner Stadtsee** (auch: Stadtsee oder Templiner See) ist mit seinen steilen Ufern ein typischer Rinnensee. Der fast 2,5 Kilometer lange, maximal 650 Meter breite und bis zu neun Meter tiefe See entwässert in den Templiner Kanal. Er wird seinerseits aus dem kleinen Bruchsee, der eher als eine Bucht des großen Nachbarn wahrgenommen wird, gespeist. Im westlichen Teil des Sees liegt die vollständig bewaldete **Liebesinsel**.

Ohne Wegweisung setzen wir unsere Wanderung auf dem heute als Fuß- und Radweg genutzten Bahndamm nach links fort. Am Ende des sich linker Hand ausbreitenden Weidelands begleitet uns eine schmale Straße in zunehmendem Abstand durch ein sanft hügeliges Mischwaldgebiet bis zur Streusiedlung **Knehden**. Dort geht es unvermittelt mit 15-prozentigem Gefälle hinab in eine Senke, in der wir zu einer Wegkreuzung gelangen. Mit *Wegweisung Naturcamp Gleuensee* folgen wir nach rechts einem geschotterten Fahrweg. Durch weitgehend offenes, stellenweise schilfiges Gelände verlassen wir das **Naturschutzgebiet Netzowsee-Metzelthiner Feldmark** und gelangen in einen Mischwald. Vor einer Unterstandshütte rechtshaltend erreichen wir das **„Naturcamp Gleuensee"**. Mit *Wegweisung Markgrafenquelle* kommen wir zur platzeigenen Badestelle und Liegewiese, wo auch Nicht-Camper eine schöne Sicht auf den schmalen und überwiegend waldgesäumten **Gleuensee** genießen können. Am Bootssteg links vorbei führt uns der Hangweg zu einem Platz, von dem wir nach wenigen Metern hinauf zur Landesstraße *(L 217)* kommen. Mit *Wegweisung Fährkrug* folgen wir dieser vorsichtig nach rechts hinab in eine feuchte Senke. In der sich anschließenden leichten Linkskurve zweigt der Wanderweg am Ende der Leitplanke ganz scharf nach rechts ab (leicht übersehbares Hinweisschild!). Durch ein kleines Tälchen steigen wir hinab ans Ufer des **Gleuensees**, wo wir auf eine Unterstandshütte treffen. In leichtem Auf und Ab quert der schmale Uferpfad den überwiegend mit Buchen bestandenen Hang, passiert die **Markgrafenquelle** und eine verschwiegene Badestelle und erreicht auf Höhe der **Gleuenbrücke** den ehemaligen Bahndamm.

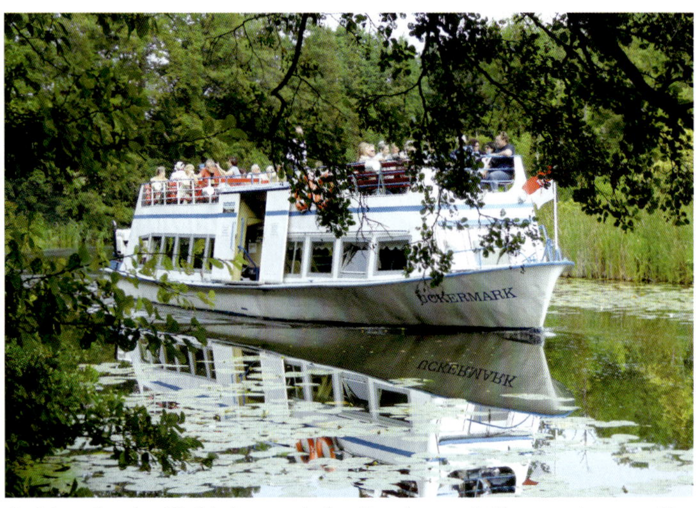

Auf der schmalen Verbindung zwischen Bruchsee und Gleuensee ist gutes Navigieren gefragt.

Dem asphaltierten Fuß- und Radweg folgen wir ohne Wegweisung nach links. Überwiegend durch Wald und an einer am **Bruchsee** gelegenen Kleingartensiedlung vorbei kommen wir zurück zur Landesstraße, auf der wir mit *Wegweisung Templin* nach etwa 400 Meter die Bundesstraße *(B 109)* erreichen. Ohne Wegweisung, aber mit großer Vorsicht folgen wir dieser nach rechts. Bis zum Bau eines Damms im 17. Jahrhundert wurde die ursprünglich breite Verbindung zwischen **Bruchsee** und **Fährsee** mit einer Fähre überwunden. Heute bewerkstelligen eine Straßen- und eine ehemalige Eisenbahnbrücke die Überquerung der nun schmalen Seenverbindung. Rechts am wunderschön gelegenen **Hotel-Restaurant „Fährkrug"** vorbei unterqueren wir die alte Eisenbahnbrücke der ehemaligen Bahnstrecke Templin-Prenzlau (1899–2000). Danach verlassen wir die Bundestraße nach rechts. Über einen kleinen Parkplatz hinweg erreichen wir eine am **Bruchsee** gelegene Badestelle samt Rasthütte. Ufernah wandern wir über eine gelegentlich feuchte, von Mischwald bestandene Ebene. Das uns rechter Hand begleitende, von ausgedehnten Schilfflächen gesäumte und kaum 50 Meter breite Gewässer ist die natürliche „Verbindung" von **Bruchsee** und **Templiner Stadtsee**. Durch dessen von prächtigen Buchen bestandenen Uferhang führt uns ein stellenweise schmaler Pfad in leichtem Auf und Ab zum **Bootslagerplatz des „Kanusportvereins Templin"**. Von der oberen Hangkante grüßt das trotz jahrlangem Verfall immer noch imposante Gebäude des ehemaligen **Joachimsthalschen Gymnasiums**. Auf einem nun breiteren Weg durchqueren wir das Gelände des **Wasserwerks** mit der **Jungfernquelle**. Links an einer Kleingartenanlage vorbei gelangen wir leicht ansteigend zur hier nicht ausgewiesenen *Prenzlauer Allee/ B 109*, deren begleitendem Fuß- und Radweg wir für wenige Meter nach rechts folgen. Wo sich der Weg gabelt, setzen wir unsere Wanderung nach rechts auf einem Schotterweg fort. Hinter dem **Wasserturm** passieren wir den Zugang zum wunderschön gelegenen **Templiner Strandbad**, das eine große Liegewiese, einen Spielplatz, mehrere Stege, eine Wasserrutsche und einen Drei-Meter-Sprungturm bietet. In gleichfalls schöner Seelage lockt das benachbarte **Restaurant „Kreta"** zur Einkehr. Wo die Bundestraße der *August-Bebel-Straße* nach links folgt, setzen wir unsere Wanderung geradeaus auf der *Prenzlauer Allee* fort, passieren das **Multikulturelle Centrum** und gelangen vor das **Prenzlauer Tor**. Rechtshaltend kehren wir auf der *Seestraße* zum **Parkplatz am Stadthafen** zurück.

Tipp: Altstadtbummel

„Ortsfremde" sollten den Tourentag mit einer Umrundung der **Templiner Altstadt** entlang der mittelalterlichen **Stadtmauer** (Mehraufwand etwa 1,8 Kilometer) und einem Besuch des Umwanderten beschließen.

Mechow – Durch das Naturschutzgebiet Krüselinsee und Mechowseen

Das Naturschutzgebiet Krüselinsee und Mechowseen wird nicht nur von wandernden Touristen sehr selten aufgesucht. Wer sich aber auf die seenreiche Region einlässt, wird mit eindrücklichen Landschaftserlebnissen belohnt.

Start/Ziel: Mechow, eingeschränkte Parkmöglichkeit an der Kirche
An-/Abfahrt mit öffentlichen Verkehrsmitteln: ab/bis Mechow mit der MVVG-(Schul-)Buslinie 632 (in/aus Richtung Feldberg)
Anforderungen: Mäßig anstrengende Rundwanderung auf gut begehbaren Wald- und Ufer- sowie verkehrsarmen Fahrwegen, ein längerer Abschnitt durchgängig markiert (Rotstrich). Für Familien mit Kindern unter 12 Jahren bedingt geeignet.
Streckenlänge: 12,4 Kilometer
Anstiege/Abstiege: 140 Höhenmeter
Einkehr: „Krüseliner Seeschänke" an der Krüseliner Mühle
Karte: Rad-, Wander- & Gewässerkarte „Feldberger Seen""
Sehenswertes: Feldsteinkirche in Mechow

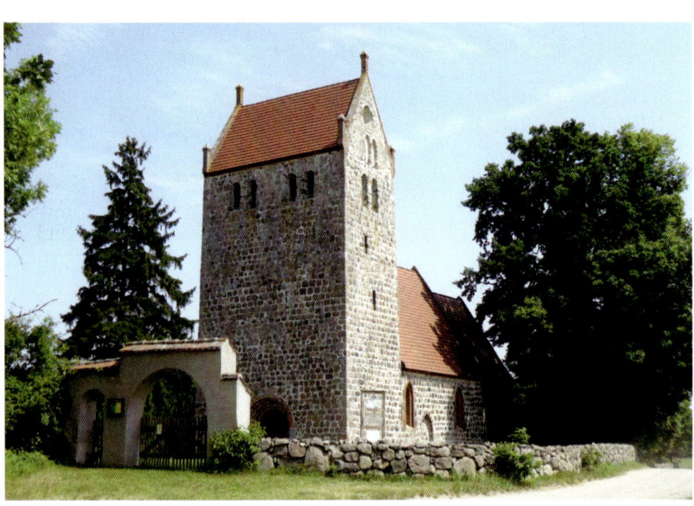

Die Mechower Dorfkirche besteht ausschließlich aus behauenen Feldsteinen.

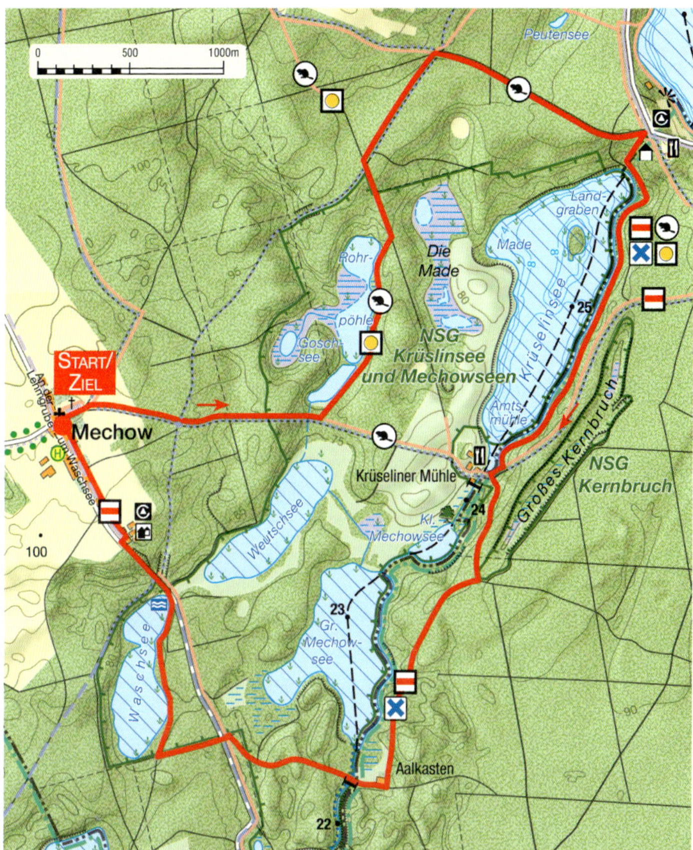

Das weltabgeschiedene Straßendorf **Mechow** fände kaum Beachtung, verfügte es nicht über ein besonderes Bauwerk: Die gegen Ende des 13. Jahrhunderts errichtete **Dorfkirche** besteht ausschließlich aus (behauenen) Feldsteinen. Die im Turmbereich bis zu zwei Meter breiten Grundmauern unterstreichen den wehrhaften Charakter des Gotteshauses. Die Ausstattung der spätromanischen Saalkirche ist nach einer grundlegenden Renovierung von 1897 eher schlicht. Die beiden Turmglocken stammen aus den Jahren 1484 und 1539. Das von einer Feldsteinmauer umschlossene Kirchen- und Friedhofsgelände ist durch ein Rundbogenportal zugänglich.

Mit *Wegweisung Krüseliner Mühle* verlassen wir **Mechow** rechts an der **Kirche** vorbei auf einem Schotterweg. Hinter dem Friedhof teilt sich der Weg, wir folgen der bekannten Wegweisung nach rechts. Durch Weideland gelangen wir in einen zunächst von Kiefern, im weiteren Verlauf von Laubgehölzen bestimmten Wald. Über eine Kreuzung geradeaus hinweg überwinden wir einen Höhenrücken und erreichen das **Naturschutzgebiet Krüselinsee und Mechowseen**.

Das **Naturschutzgebiet Krüselinsee und Mechowseen** umfasst die beiden Seenketten Krüselin- und Mechowsee sowie Rohrpöhle, Weutsch- und Waschsee, die Made, ein nährstoffarmes Moor mit Kolk, Bestände von Alt-Kiefern und extensiv genutzte Feuchtwiesen und Trockenrasen. In dem Gebiet leben unter anderem Fisch- und Seeadler, Kraniche, Milane, Fischotter und Biber. Darüber hinaus finden sich zahlreiche, teils seltene Libellenarten.

Nachdem wir einen tiefen Graben überquert haben, der den rechter Hand liegenden **Weutschsee** mit der linker Hand liegenden Seengruppe **Rohrpöhle** verbindet, zweigen wir ohne Wegweisung nach links auf einen beschrankten Pfad. Die Seengruppe **Rohrpöhle**, die aus drei hintereinander liegenden, teils schilfumsäumten, teils von Seerosen bedeckten kleinen Waldseen besteht, passieren wir ufernah. Am Ende der Seenkette stoßen wir auf einen breiten Waldweg, auf dem wir linkshaltend das **Naturschutzgebiet** verlassen und eine Wegkreuzung erreichen. Der *Wegweisung Rosenhof* folgen wir nach rechts. Nach etwa 700 Metern erreichen wir eine weitere Wegkreuzung. Ohne Wegweisung folgen wir hier einem breiten Waldweg nach rechts, passieren einen Hochsitz und setzen unsere Wanderung bei einer Wegkreuzung geradeaus auf einem beschrankten Waldweg fort. Wo sich der Weg teilt, halten wir uns rechts und erreichen vor der Einfahrt zum **„Campingplatz Am Dreetzsee"** einen asphaltierten Fahrweg. Rechtshaltend gelangen wir nach wenigen Metern zu einem überdachten Rastplatz und mit *Wegweisung Krüselin* in gleicher Richtung hinab an den **Krüselinsee** und damit zurück in das **Naturschutzgebiet Krüselinsee** und **Mechowseen**.

Der etwa 1700 Meter lange und bis zu 650 Meter breite **Krüselinsee** ist der flächengrößte See im gleichnamigen Naturschutzgebiet. Er wird aus dem Dreetzsee von ergiebigen Ufer- und Bodenquellen gespeist und entwässert seinerseits über den Mechowbach in den Kleinen und Großen Mechowsee und weiter in den Großen Küstrinsee. Der mit bis zu 12 Metern Sichttiefe klarste See der Feldberger Seen bietet seltenen Armleuchteralgen-Grundrasen einen geeigneten Lebensraum. Er darf von Booten mit Verbrennungsmotor nicht befahren werden.

Vor der Bootseinsetzstelle zweigen wir links haltend auf den reizvollen Uferweg (Beginn der *Rotstrich-Markierung*). Dass wir dabei aus **Mecklenburg-Vorpommern** nach **Brandenburg** wechseln, verrät uns ein Blick in die Karte. Der wurzelige Pfad quert das bewaldete Steilufer in leichtem Auf und Ab und mündet schließlich in einen breiten Forstweg. Auf diesem erreichen wir rechtshaltend nach wenigen Metern die auf mecklenburgisch-vorpommerschem Boden liegende **Ferienanlage „Krüseliner Mühle“**.

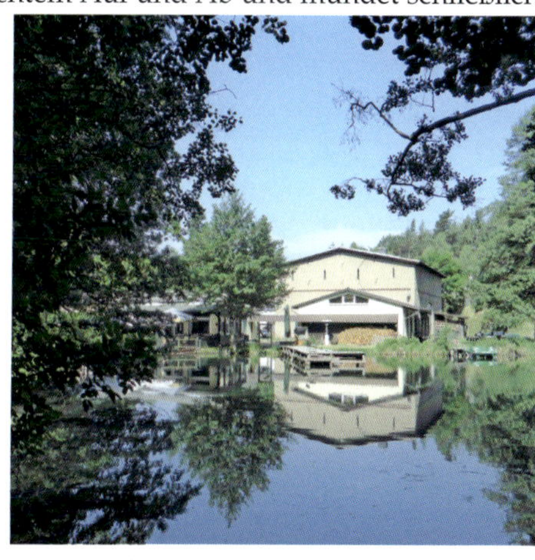

Krüseliner Mühle

Die erstmals 1514 urkundlich erwähnte Wassermühle hat in den 1950er-Jahren ihren Betrieb eingestellt. Seit 1997 besteht auf dem 26 Hektar großen Wassergrundstück die **Ferienanlage „Krüseliner** Mühle“. Die **„Krüseliner Seeschänke“** mit ihrer einladenden Seeterrasse bietet zu mecklenburgischer Küche einen weiten Blick auf den See, über dem nicht selten Milane und Seeadler kreisen.

Auf brandenburgischem Boden folgen wir vor dem Gasthaus der *Wegweisung Aalkasten* nach links und verlassen damit ein weiteres Mal das **Naturschutzgebiet**. Auf einem ansteigenden Waldweg gelangen wir auf eine Hochebene. Rechter Hand ist am Hangfuß der **Kleine Mechowsee** zu erkennen. Bei einer Wegkreuzung halten wir uns rechts. Der nun in Abschnitten sanft abfallende Weg nähert sich dem **Großen Mechowsee**, ohne sein Ufer tatsächlich zu erreichen. Nach Durchquerung einer feuchten Senke führt der Weg in leichtem Auf und Ab zu einem ausgedehnten, linker Hand von einem bewaldeten Hang begrenzten Wiesengelände. An der Gebäudegruppe **Aalkasten** stoßen wir auf einen Querweg, dem wir nach rechts folgen. Links an der Wiese entlang erreichen wir den mäandernden **Mechowbach**, den wir mit Hilfe einer Brücke überqueren.

Zurück in **Mecklenburg-Vorpommern** führt uns der Wanderweg in leichtem Auf und Ab durch Mischwald zu einem breiten Forstweg. Diesem folgen wir für 50 Meter nach links und zweigen dann ohne Wegweisung nach rechts auf einen Waldweg (Ende der *Rotstrich-Markierung*). Zurück im **Naturschutzgebiet Krüselinsee und Mechowseen** erreichen wir nach etwa 200 Metern eine Lichtung. Dort rechts haltend kommen wir auf einem Wanderweg an den **Waschsee**.

Der 890 Meter lange und maximal 300 Meter breite **Waschsee** besteht aus zwei Becken. Der oberirdisch zu- und abflusslose See entwässert unterirdisch in den benachbarten Weutschsee. Der vollständig von Wald umgebene Waschsee ist sehr klar und nährstoffarm – ideale Bedingungen für ungetrübten Badespaß.

Nachdem wir eine kleine Badestelle passiert haben, gelangen wir zurück auf den breiten Forstweg. Mit *Wegweisung Rundweg Waschsee* folgen wir diesem nach links, passieren den einladenden Badestrand, verlassen ein letztes Mal das **Naturschutzgebiet** und erreichen am Ende einer spürbaren „Bergwertung" das Ortsschild von **Mechow**. Auf der gepflasterten Dorfstraße bummeln wir durch das gepflegte ehemalige Gutsdorf zur weithin sichtbaren **Feldsteinkirche**.

Carwitz – Rund um den Dreetzsee

Das idyllische Angerdorf Carwitz erstreckt sich auf einer Landbrücke zwischen dem Schmalen Luzin, dem Dreetzsee und dem Carwitzer See. Von dem Dreiseenort starten wir zu einer ufernahen Umrundung des buchtenreichen Dreetzsees und besuchen das aus einer Bergkuppe bestehende Inselchen Bohnenwerder im Carwitzer See.

Start/Ziel: Carwitz, Parkplatz am Straßenabzweig Rosenhof/Thomsdorf
An-/Abfahrt mit öffentlichen Verkehrsmitteln: ab/bis Haltestelle Rosenhof Mo–Fr mit der MVVG-Buslinie 629 (in/aus Richtung Feldberg)
Anforderungen: Wenig anstrengende Rundwanderung auf teils schmalen Wald- und Feldwegen sowie verkehrsarmen Fahrwegen. Für Familien mit Kindern unter 12 Jahren geeignet.
Streckenlänge: 10,0 Kilometer
Anstiege/Abstiege: 50 Höhenmeter
Einkehr: außerhalb von Carwitz keine
Karte: Rad-, Wander- & Gewässerkarte „Feldberger Seen"
Sehenswertes: Fachwerkkirche, Hans-Fallada-Museum, Hans-Fallada-Park, Wasserwerk Carwitz und Findlingsgarten in Carwitz

Das erstmals 1216 als *Carwytze* urkundlich erwähnte ehemalige Fischerdorf **Carwitz** verdankt seine heutige Bekanntheit dem Schriftsteller **Hans Fallada** (1893–1947). Dieser erwarb 1933 die auf einem großen Seegrundstück am Carwitzer See um 1875 erbaute Büdnerei 17. Die „verwunschene Herrlichkeit" verließ er elf Jahre und 20 (!) Romane später und kehrte nach Berlin zurück. Nach dem Zweiten Weltkrieg kam Fallada 1945 für ein viermonatiges Intermezzo als Bürgermeister von Feldberg in die Region zurück. Das Anwesen Falladas ist nach der zwischen 1996 und 2002 erfolgten sorgsamen und aufwändigen Restaurierung als **Hans-Fallada-Museum** eines der meistbesuchten Literaturmuseen Deutschlands (*Zum Bohnenwerder*). Die letzte Ruhestätte des Schriftstellers befindet sich nach seiner in den 1980er-Jahren erfolgten Umbettung im **Hans-Fallada-Park**, dem stillgelegten alten Carwitzer Friedhof (*Carwitzer Straße*). Das unscheinbare Grab trägt den Namen *Rudolf Ditzen* – Hans Fallada ist ein Künstlerpseudonym.

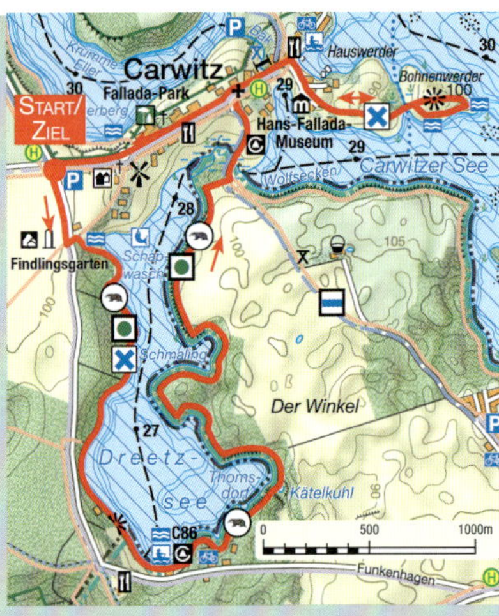

Auf dem höchsten Punkt des seit 1992 liebevoll sanierten Dorfes steht inmitten des von einer mächtigen Feldsteinmauer eingefassten und von alten Linden beschatteten Dorfangers eine kleine **Fachwerkkirche** (1706). Der turmlose Saalbau birgt einen 1714 geschaffenen Kanzelaltar. Die weithin sichtbare, heute flügellose **Holländermühle** (1896) war bis 1937 in Betrieb, derzeit dient sie Wohnzwecken (alle *Carwitzer Straße*).

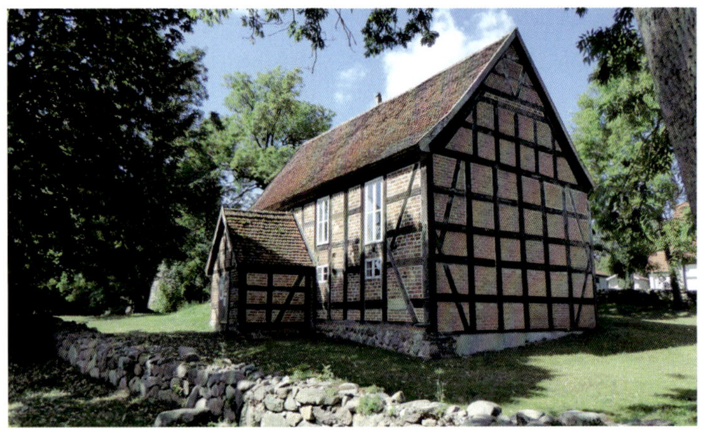

Mächtige Linden beschatten die turmlose Dorfkirche in Carwitz.

Von dem außerhalb des Dorfes gelegenen **Parkplatz Carwitz** folgen wir dem asphaltierten Fahrweg *Richtung Thomsdorf*. Rechts an dem vom Fassadenkünstler **Tobias Silber** mit Fallada-Motiven „veredelten" **Carwitzer Wasserwerk** vorbei erreichen wir den **Findlingsgarten**.

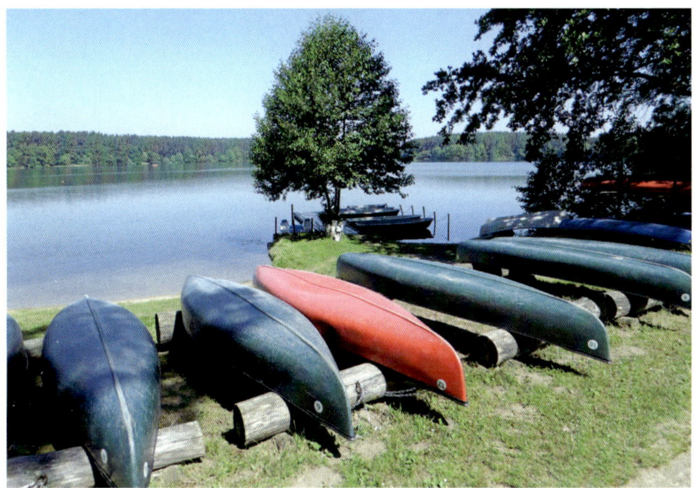

Kanuparadies Dreetzsee

Der **Findlingsgarten** wurde Ende der 1990er-Jahre von einer Carwitzer *Bürgerinitiative* angelegt, nachdem die Einrichtung eines Kieswerkes an dieser Stelle verhindert werden konnte. Der Schaugarten überrascht mit einer originellen Präsentation: Zahlreiche Exemplare glazialer Gesteinsarten bilden den Umriss eines Mammuts.

Vom Findlingsgarten weist uns die *Wegweisung Bootseinlassstelle* nach links auf einen Waldweg, auf dem wir nach wenigen Metern an den **Dreetzsee** kommen.

Der buchtenreiche **Dreetzsee** gehört zu den kleineren Gewässern in der Feldberger Seenlandschaft. Der maximal elf Meter tiefe See wird über den Hals aus dem Carwitzer See bewässert und speist seinerseits unterirdisch den knapp zehn Meter tiefer liegenden Krüselinsee (→ S. 133). Große Teile des rundum hügeligen Ufers sind bewaldet.

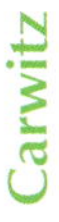

Schapwasch heißt die vor uns liegende kleine Bucht – hier wurden früher Schafe gewaschen. Ohne eine derartige Behandlung folgen wir der *Wegweisung Zeltplatz Thomsdorf* nach rechts auf den schmalen Uferweg. Der stellenweise wurzelige Pfad führt

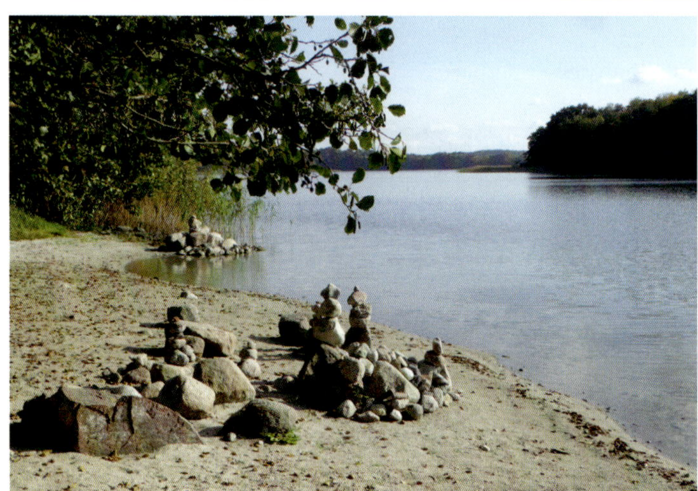

Auf der in den Carwitzer See hineinreichenden Insel Bohnenwerder gibt es reizvolle Badestellen.

uns durch Mischwald bis zum eingefriedeten **„Campingplatz Am Dreetzsee"**. Durch eine Pforte gelangen wir auf das besonders von Wasserwanderern geschätzte Campinggelände und damit nebenbei aus **Mecklenburg-Vorpommern** nach **Brandenburg**. Auf Höhe des Spielplatzes orientieren wir uns nach links, passieren den gepflegten Badestrand und gelangen links haltend zurück an das Ufer des **Dreetzsees**. An der Hundebadestelle vorbei verlassen wir den Campingplatz und setzen unsere Wanderung auf einem schmalen, ufernahen Waldweg fort. Mit Hilfe einer kleinen Holzbrücke überqueren wir alsbald einen Graben, der den See mit der **Kätelkuhl**, einer kreisrunden Vertiefung aus der Späteiszeit, verbindet. Zwischen zwei kleinen Buchten passieren wir die schmalste Stelle des Sees, wo sich uns ein schöner Blick auf die **Carwitzer Holländermühle** bietet. Dem nun sanft welligen Uferweg folgen wir bis zu einer einladenden Badestelle, wo wir den **Dreetzsee** nach rechts verlassen. Zwischen einem Waldgebiet zur Linken und einer ausgedehnten Ackerfläche zur Rechten kommen wir zu einer Wegteilung. Linkshaltend folgen wir einem Waldweg bis zur Brücke über den **Hals**, einer verrohrten Seenenge zwischen **Carwitzer See** und **Dreetzsee**. Mit der Brückenpassage kommen wir aus **Brandenburg** zurück nach **Mecklenburg-Vorpommern**. Links am **„Campingplatz Klein &**

Fein am Carwitzer See" entlang erreichen wir leicht ansteigend auf Höhe des Kirchplatzes das **Carwitzer „Oberdorf"**.

Wer den besonderen Reiz des Dorfes **Carwitz** in Gänze kennenlernen möchte, kommt um einen Besuch des aus einer Bergkuppe bestehenden Inselchens **Bohnenwerder** nicht herum. Wir setzen daher unsere Wanderung rechts an der **Fachwerkkirche** vorbei fort. Auf der feldsteingepflasterten Straße *Am Hügel* gehen wir hinab zur **Bäk-Brücke**. Mit ihrer Hilfe überqueren wir den einzigen Abfluss des **Schmalen Luzins** in den 20 Zentimeter tiefer gelegenen **Carwitzer See**. Im **„Unterdorf"** angekommen, folgen wir vor dem einladenden und empfehlenswerten **Café-Restaurant „Carwitz-Eck"** dem hier nicht ausgewiesenen, leicht ansteigenden Fahrweg *Zum Bohnenwerder*. Am **Hans-Fallada-Museum** vorbei erreichen wir auf einem Feldweg eine feuchte Senke. Mit Hilfe einer kleinen Brücke überwinden wir einen schmalen Graben, der den **Bohnenwerder** zu einer Insel im **Carwitzer See** (→ S. 144) macht. Rechtshaltend folgen wir einem schattigen Uferpfad. Wir passieren eine bei bekleideten und unbekleideten Badetouristen gleichermaßen beliebte größere Badestelle. Wo sich der Uferpfad verliert, steigen wir links haltend auf einem gut ausgeprägten Wiesenpfad auf den höchsten Punkt des Inselchens. Von der grasigen Kuppe gibt es eine schöne Sicht auf den **Carwitzer See**. Über die fast bis zum höchsten Punkt hinaufreichende Badewiese steigen wir steil hinab an den Badestrand und kehren auf dem Hinweg ins **Carwitzer „Oberdorf"** zurück. Vom Kirchplatz folgen wir der *Carwitzer Straße* durch das „gastronomische Zentrum" des Dorfes. **Café „Sommerliebe"**, **Restaurant-Biergarten „Alte Scheune"**, **Eiscafé-Restaurant „Juhl's Mitten in't Dörp"** und **Café-Bistro „Lindgrün"** – wer die Wahl hat… Nachdem wir den **Hans-Fallada-Park** hinter uns gelassen haben, bietet sich uns rechter Hand vom oberen Rand der Badewiese eine großartige Sicht auf den **Schmalen Luzin** (→ S. 141f), linker Hand grüßt die flügellose **Holländermühle**. Vom Kreisverkehr ist es nur noch ein Katzensprung zum **Parkplatz Carwitz**.

Feldberg – Auf dem „Fridolinwanderweg“ um den Schmalen Luzin

Der Schmale Luzien ist fast vollständig von bewaldeten Steilufern eingerahmt und gehört zu den schönsten Seen des Landes. Um den mittleren und südlichen Abschnitt des einem breiten Fluss ähnelnden Rinnensees haben Touristiker den „Fridolinwanderweg“ angelegt. Namensgeber für die reizvollste Wanderung in der Feldberger Seenlandschaft ist Hans Falladas 1944 geschriebenes Kinderbuch „Fridolin, der freche Dachs“, der hier viele Abenteuer erlebt. Der abwechslungsreiche Weg führt uns zunächst am bezaubernden Seeufer entlang, verweilt im zeitweiligen Wohnort Falladas und heutigem Bilderbuchdorf Carwitz, erklimmt die Aussichtswarte Hauptmannsberg, durchstreift den Buchenhochwald Hullerbusch und endet mit einer kurzen Seefahrt…

Hinweis: Vor Antritt der Wanderung sollten wir uns den aktuellen Fahrplan der Luzinfähre besorgen.

Start/Ziel: Feldberg, Parkplatz Luzinhalle (gebührenpflichtig)
An-/Abfahrt mit öffentlichen Verkehrsmitteln: ab/bis Feldberg mit den MVVG-Buslinien 619 (aus/in Richtung Neustrelitz) sowie Mo–Fr 629 (aus/in Richtung Carwitz)
Anforderungen: Mäßig anstrengende Rundwanderung auf überwiegend schmalen Wald- und Wiesenpfaden sowie verkehrsarmen Fahrwegen, einige steilere Wegpassagen. Für Familien mit Kindern unter 12 Jahren bedingt geeignet.
Streckenlänge: 10,4 Kilometer
Anstiege/Abstiege: 100 Höhenmeter
Einkehr: außerhalb von Feldberg Café „Luzinfähre“, Café-Bistro „Lindgrün“, Eiscafé-Restaurant „Juhl's Mitten in't Dörp“, Restaurant-Biergarten „Alte Scheune“, Café „Sommerliebe“, Café-Restaurant „Carwitz-Eck“ und Café-Restaurant „Hotel Hullerbusch“ in Carwitz
Karte: Rad-, Wander- & Gewässerkarte „Feldberger Seen“
Sehenswertes: Luzinfähre in Feldberg, Hans-Fallada-Park und Fachwerkkirche in Carwitz, Naturlehrpfad Hullerbusch und Hauptmannsberg

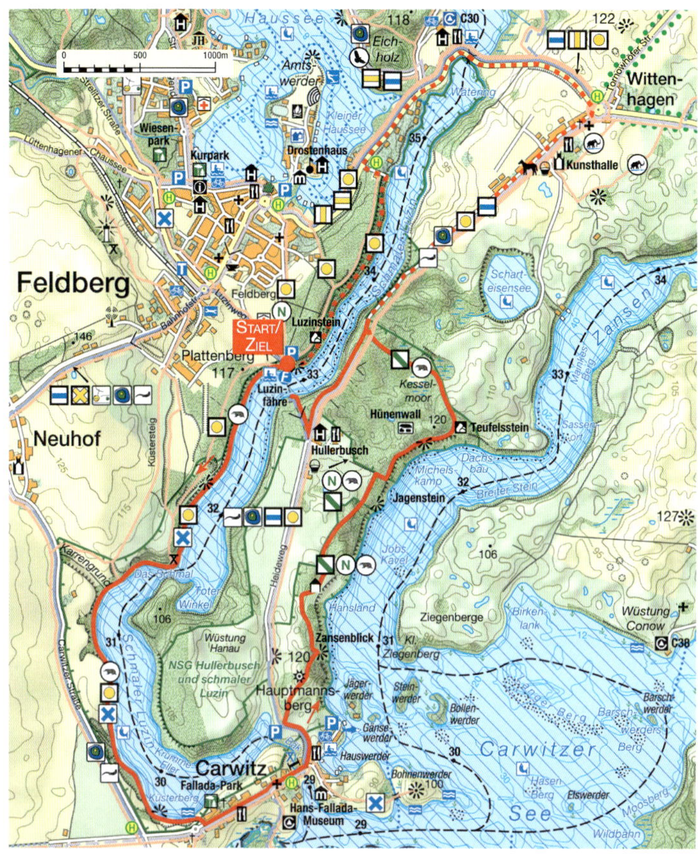

Vom **Parkplatz Luzinhalle** bietet sich uns aus der Vogelperspektive eine atemberaubende Sicht auf den mittleren Teil des türkisgrün glitzernden **Schmalen Luzins.**

Der **Schmale Luzin** ist ein typischer glazialer Rinnensee. Der knapp 1,5 Quadratkilometer große, etwa sieben Kilometer lange und maximal 390 Meter breite See ist bis auf eine Stelle von bewaldeten Steilhängen umgeben. Er gliedert sich in das bis zu 14 Meter tiefe Nordbecken, das vom Erddamm bis zur Luzinfähre reicht, in das bis zu 33,5 Meter tiefe Mittelbecken, das von der Luzinfähre bis zum Schmal reicht, und in das bis zu 33 Meter tiefe Carwitzer Becken, das sich vom Schmal bis zur Bäk erstreckt.

Carwitzer Becken und Mittelbecken werden am Schmal, der mit 70 Metern engsten Stelle des Sees, durch eine maximal acht Meter tiefe Schwelle getrennt. Der Schmale Luzin wird hauptsächlich aus dem Breiten Luzin gespeist und entwässert über die Bäk in den Carwitzer See. Der von Sporttauchern geschätzte Klarwassersee gilt als fischreich – Fisch- und Seeadler wissen das reichhaltige Nahrungsangebot zu schätzen. Der See ist mit seinen bewaldeten Uferbereichen seit 1939 Teil des **Naturschutzgebietes Hullerbusch und Schmaler Luzin**. Er darf nur von Booten ohne Verbrennungsmotor befahren werden.

Von der aus der Tiefe grüßenden **Luzinfähre** trennen uns 105 steile Stufen.

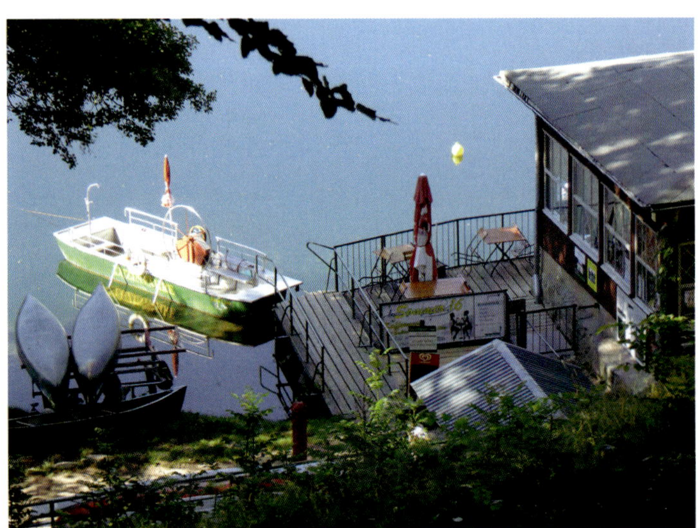

Mit der Seilfähre über den Luzin.

Seit 1907 gibt es die **Luzinfähre** vom ehemaligen Kahnplatz der Feldberger Fischer zum gegenüberliegenden Ufer des Hullerbuschs. Nachdem 70 Jahre lang der Fährbetrieb mit einem Ruderboot durchgeführt wurde, ist seit 1977 eine aus alten Mähdrescherteilen zusammengeschweißte Seilfähre im Einsatz. Um die 200 Meter lange Strecke über den See zurückzulegen, muss der Fährmann

gut 100 mal „am Rad drehen“, damit sich das Boot am fünf Meter unter dem Wasserspiegel gespannten Drahtseil vom diesseitigen zum jenseitigen Ufer bewegt. Bei starkem Passagierandrang kommt seit einigen Jahren ein solarbetriebenes Boot zum Einsatz – eine der letzten handbetriebenen Seilfähren Europas „schafft“ irgendwann auch den stärksten Fährmann.
Auf der Feldberger Seite gab es an der traumhaft schön gelegenen Fährstelle seit 1928 eine erste Ausflugsgastronomie. Das heutige Fährhaus beherbergt ein kleines Café mit schmaler Seeterrasse, einen putzigen Souvenirladen und einen gut bestückten Bootsverleih.

Mit *Wegweisung Carwitz* verlassen wir die **Luzinfähre**. Auf dem stellenweise etwas steinigen Uferweg queren wir in leichtem Auf und Ab den überwiegend von Buchen bestandenen Steilhang. Am **Schmal** passieren wir die malerisch gelegene **Ziegenwiese**, eine kleine, aber feine Badestelle.

Der Uferweg führt uns nun weitgehend eben durch den von Schwarzerlen dominierten **Karrengrund**. Mit Blick auf die auf einem Höhenzug thronende flügellose **Carwitzer Holländermühle** folgen wir dem Uferweg durch eine Baum- und Strauchregion. Vor dem einladenden **Carwitzer Badestrand** steigen wir auf einem Pfad hinauf zur *Carwitzer Straße*, der wir unterhalb der Mühle nach links ins **Carwitzer „Oberdorf“** (zum Ort → S. 135f) folgen. Vom oberen Rand der Badewiese bietet sich uns eine großartige Sicht auf das **Carwitzer Becken** des **Schmalen Luzins**. Nachdem wir den **Hans-Fallada-Park**, in dem sich das Urnengrab des Schriftstellers befindet, passiert haben, führt uns die feldsteingepflasterte Straße in das „gastronomische Zentrum“ des Dorfes: **Café-Bistro „Lindgrün“**, **Eiscafé-Restaurant „Juhl's Mitten in't Dörp“**, **Restaurant-Biergarten „Alte Scheune“** und **Café „Sommerliebe“** – wer die Wahl hat…

An der auf dem kleinen Dorfanger gründenden **Fachwerkkirche** vorbei gelangen wir auf der feldsteingepflasterten Straße *Am Hügel* hinab zur **Bäk-Brücke**. Mit ihrer Hilfe überqueren wir den einzigen Abfluss des **Schmalen Luzins** in den 20 Zentimeter tiefer gelegenen **Carwitzer See**. Im **„Unterdorf“** angekommen, erreichen wir das **Feuerwehrhaus**.

Wer das **Hans-Fallada-Museum** und/oder das im **Carwitzer See** gelegene Bade-Inselchen **Bohnenwerder** (→ S. 139) aufsuchen möchte, zweigt vor dem einladenden und empfehlenswerten **Café-Restaurant „Carwitz-Eck"** auf den hier nicht ausgewiesenen, leicht ansteigenden Fahrweg *Zum Bohnenwerder* (Mehraufwand 2,7 Kilometer, 20 Höhenmeter).

Ansonsten folgen wir mit *Wegweisung Naturlehrpfad* einem anfänglich gepflasterten, am Ortsende asphaltierten Fahrweg bis zu einem kleinen Parkplatz. Vor einer Infotafel zweigen wir nach rechts in das **Naturschutzgebiet Hauptmannsberg**. Auf dem gut ausgewiesenen **„Naturlehrpfad Hullerbusch und Hauptmannsberg"** steigen wir durch mit Schlehdorn und Besenginster und einzelnen Eichen und Birken „angereichertes" Weideland zügig bergan auf den **Hauptmannsberg**. Von seiner breiten Kuppe, auf der sich ein bronzezeitliches Hügelgrab befindet, bietet sich uns eine großartige Sicht auf den **Zansen** und den **Carwitzer See**. Einzelne Bänke laden zu einer wohlverdienten (Schau-)Rast.

Der **Carwitzer See** ist mit einer Fläche von gut sieben Quadratkilometern der größte See der Feldberger Seenlandschaft. Er besteht aus dem eigentlichen **Carwitzer See** und dem **Zansen**, einer bis zu 42 Meter tiefen und vier Kilometer langen Parallelrinne zum Schmalen Luzin. Der zentrale Teil des Carwitzer Sees ist flacher und beherbergt neun Inseln, von denen der **Bohnenwerder** die größte ist. Wie seine Nachbarn darf der fischreiche See nur von Booten ohne Verbrennungsmotor befahren werden.

Durch teils offenes, teils waldiges Gelände folgen wir dem Naturlehrpfad in leichtem Auf und Ab zum **Zansenblick**. Von der Hangkante gibt es eine schöne Sicht auf den angezeigten See, linker Hand grüßt das buchenbestandene Steilufer des **Hullerbuschs**. Auf dem weiterhin gut ausgewiesenen Naturlehrpfad passieren wir eine Rasthütte, halten uns dort rechts und erreichen durch teils offenes, teils waldiges Gelände in leichtem Auf und Ab einen breiten Querweg. Diesem folgen wir für wenige Meter nach rechts und gelangen in den **Hullerbusch**. Der überwiegend aus (Rot-)Buchen bestehende Hochwald gehört seit 1939 zum **Naturschutzgebiet Hullerbusch und Schmaler Luzin**.

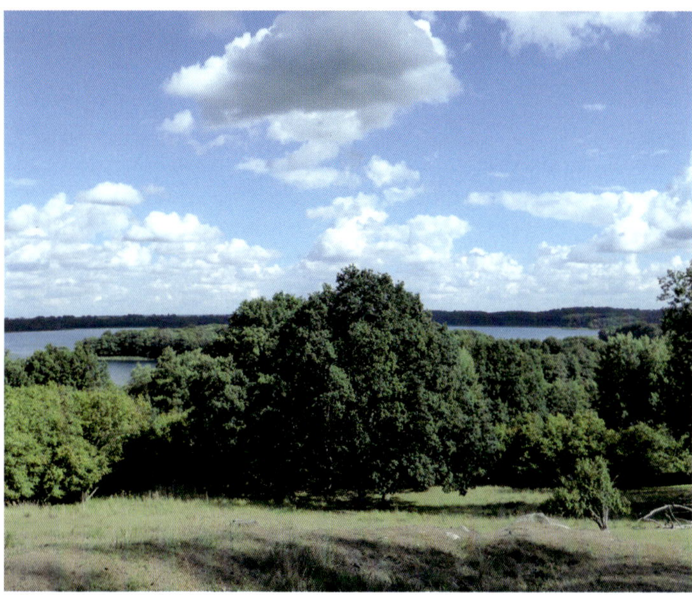

Blick vom Hauptmannsberg auf den Carwitzer See.

Bergan, bergab führt uns der Naturlehrpfad an der Kante des imposanten Steilufers über dem **Zansen** am **Hünenfriedhof** entlang. Die auf der Kuppe einer Endmoräne liegende bronzezeitliche Kultstätte war einst von einem 200 Meter langen, hufeisenförmigen Steinwall eingefasst. Ein paar An- und Abstiegsmeter später treffen wir auf den **Teufelsstein**. Der Sage nach warf der Teufel den Stein nach einem Müller, der ihm seine Seele versprochen hatte. An der Unterseite des Findlings sind noch die Spuren von den Krallen des Teufels zu sehen - in Wirklichkeit handelt es sich um gut ausgeprägte Gletscherschrammen aus der Eiszeit. Das neben dem Stein liegende „Besucherbuch“ dient den Verantwortlichen des Naturlehrpfades als Nachweis der Besucherzahl - wir kommen der Bitte um Eintrag gerne nach. Nach wenigen Anstiegsmetern verlassen wir das Steilufer und halten uns „landein“. Begleitet von zahlreichen Infotafeln wandern wir auf dem selten ebenen Pfad durch den prächtigen alten Buchenbestand des **Hullerbuschs**.

Mit Hilfe eines kurzen Holzstegs können wir an das **Große Kesselmoor** gelangen. Weiterhin spürbar bergauf, bergab führt der im Bereich des Hünenwalls etwas steinige Pfad zu einem breiten gepflasterten Spurweg.

Tourerweiterung:
Um den nördlichen Abschnitt des Schmalen Luzins

Mit Wegweisung Wittenhagen folgen wir dem für den motorisierten Verkehr gesperrten Fahrweg nach rechts. Mit dem Wald verlassen wir das **Naturschutzgebiet Hullerbusch und Schmaler Luzin** und gelangen durch hügeliges Ackerland nach **Wittenhagen**. Prächtige Kastanien säumen den hier nicht ausgewiesenen *Hullerbuscher Weg*, auf dem wir das alte Gutsdorf durchstreifen. Nacheinander passieren wir den **Gasthof „Zum Wildschwein"**, das um 1800 erbaute klassizistische **Gutshaus**, die **Gaststätte „Zum Schwalbennest"** und die achteckige, turmlose **Dorfkirche** (1758). Im Kreisel folgen wir der *Wegweisung Feldberg* und gelangen auf dem straßenbegleitenden Radweg sanft abwärts in den angezeigten Ort. Auf dem **Erddamm** (→ S. 163) überqueren wir den nördlichen Abschnitt des **Schmalen Luzins**. Links am einladenden **Hotel-Restaurant „Altes Zollhaus"** vorbei folgen wir der sanft ansteigenden, hier nicht ausgewiesenen *Prenzlauer Straße*. Nachdem wir den **Seerosenkanal** (→ S. 150) überquert haben, begleiten wir die ausgedehnte Anla-

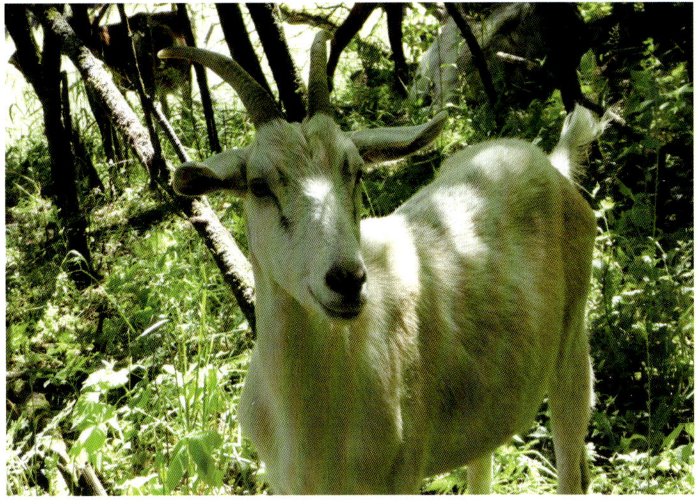

„Landschaftspfleger" der Schäferei Hullerbusch im Naturschutzgebiet Hauptmannsberg.

ge des **„Gartenvereins am Schmalen Luzin“** bis zu ihrem Ende. Vor dem anschließenden Waldgebiet zweigen wir nach links auf einen geschotterten Fahrweg und gelangen zu einem kleinen Parkplatz. Geradeaus führt uns ein Wiesenweg hinab an den **Schmalen Luzin**. Zurück im **Naturschutzgebiet Hullerbusch und Schmaler Luzin** wandern wir auf dem abschnittsweise wurzeligen Uferweg am Fuß des bewaldeten Steilhangs zurück zur **Luzinfähre** (Mehraufwand 4,6 Kilometer, 20 Höhenmeter).

Mit *Wegweisung Carwitz* folgen wir dem Spurweg nach links. Am oberen Rand des zum **Schmalen Luzin** abstürzenden Steilhanges erreichen wir sanft ansteigend die Zufahrt zum **Café-Restaurant „Hotel Hullerbusch“**. Das 1905 erbaute klassizistische Gebäude ist von einem dendrologisch interessanten Park umgeben. Wenige Meter hinter der empfehlenswerten Einkehrstation verlassen wir den nun asphaltierten Fahrweg nach rechts.

Abstecher: Schäferei Hullerbusch

Mit etwa 350 Mutterschafen und ihren Lämmern der robusten Rasse Rauwolliges Pommersches Landschaf sowie etwa 15 Mutterziegen sorgt die 1991 gegründete **Schäferei Hullerbusch** für eine nachhaltige Landschaftspflege: Die kräuterreichen Magerrasen auf dem Hullerbusch und Hauptmannsberg werden ganzjährig extensiv beweidet und durch Strauchverbiss vor dem Verbuschen bewahrt. Die schmackhaften und wolligen Ergebnisse der artgerechten Tierhaltung (hofeigene Schlachterei) werden neben weiteren regionalen Erzeugnissen im kleinen Hofladen angeboten. Im Ausschank gibt es neben Kaffee und hausgebackenem Kuchen besondere Spezialitäten wie Lammsoljanka, Lammwiener oder Ziegenmilcheis (Mehraufwand: 600 Meter).

Mit *Wegweisung Luzinfähre* gelangen wir auf einem Waldweg zunächst eben, dann mit einer vielstufigen Treppenanlage durch den Steilhang hinab zum kleinen Fähranleger. *„Fährmann, hol över!“* – mit Muskel- oder Elektrokraft schippern wir hinüber zur **Luzinhalle**. In Erwartung des steilen Treppenaufstiegs zum **Parkplatz Luzinhalle** ist die Einkehr in der gastronomischen „Aufladestation“ durchaus überlegenswert.

Feldberg – Rund um den Haussee

Die Umrundung des Haussees gehört zu den abwechslungsreichsten Unternehmungen in der Feldberger Seenlandschaft. Ausgehend von dem traditionsreichen Kur- und Erholungsort Feldberg besucht sie historische Stätten, führt auf einsamen Uferwegen und durch prächtigen Buchenhochwald und bietet als Höhepunkt eine „Bergwertung“ auf die Fünf-Sterne-Aussichtswarte Reiherberg.

Start/Ziel: Feldberg, Parkplatz Amtswerder (gebührenpflichtig)
An-/Abfahrt mit öffentlichen Verkehrsmitteln: ab/bis Feldberg mit den MVVG-Buslinien 619 (aus/in Richtung Neustrelitz) sowie Mo–Fr 629 (aus/in Richtung Carwitz)
Anforderungen: Mäßig anstrengende Rundwanderung auf teilweise schmalen Wald- und Uferwegen sowie verkehrsarmen Fahrwegen, eine längere Straßenpassage. Für Familien mit Kindern unter 12 Jahren bedingt geeignet.
Streckenlänge: 10,3 Kilometer
Anstiege/Abstiege: 120 Höhenmeter
Einkehr: außerhalb von Feldberg keine
Karte: Rad-, Wander- & Gewässerkarte „Feldberger Seen“
Sehenswertes: Drostenhaus, Heimatstube, Amtsplatz, Kurpark und Wiesenpark in Feldberg, Reiherberg

Das erstmals 1256 als *Veltberg* urkundlich erwähnte **Feldberg** ist der Hauptort der Gemeinde **Feldberger Seenlandschaft**. Auf der heute als **Amtswerder** bezeichneten Halbinsel liegen seine Ursprünge. Ab Mitte des 13. Jahrhunderts stand hier eine Burg. Um den Sitz des seinerzeit brandenburgischen Feudalherrn entwickelte sich eine kleine Siedlung. Um 1770 wurde die Burg weitgehend abgetragen, auf ihren verbliebenen äußeren Grundmauern das **Drostenhaus** (1881/82) errichtet (vom Burgturm ist noch der Stumpf erhalten). Der zweigeschossige Fachwerkbau diente als repräsentativer Amtssitz des Landdrosten. Heute wird der am Kleinen Haussee traumhaft schön gelegene Bau nach aufwändiger Sanierung touristisch genutzt. Am **Amtsplatz**, dem ehemaligen Dorfanger, finden sich mit dem ehemaligen **Amtsgericht** und dem ehemaligen **„Hotel Pfitzner“** weitere liebevoll sanierte Gebäude, das ehemalige

Amtsverwalterhaus ist ein am Original orientierter Neubau. Die Zeit unverändert überdauert hat das ehemalige **Spritzenhaus** (1827), in dem seit 1973 die **Heimatstube**, eine kleine Ausstellung zur Orts- und Regionalgeschichte, untergebracht ist. Originell sind die vor dem Gebäude aufgestellten steinernen (Groß-)Geräte. Wer in dem reizvollen Ensemble eine Kirche vermisst – eine um 1770 errichtete Fachwerkkirche ist 1870 abgebrannt und wurde danach nicht mehr aufgebaut. Über dem eher dörflich anmutenden, in den 1990er-Jahren umfassend sanierten heutigen Ortskern thront die **Stadtkirche** (1872–75). Der 54 Meter hohe Turm der neuromanischen Backsteinbasilika ist das weithin sichtbare Wahrzeichen des Ortes *(Kirchberg)*.

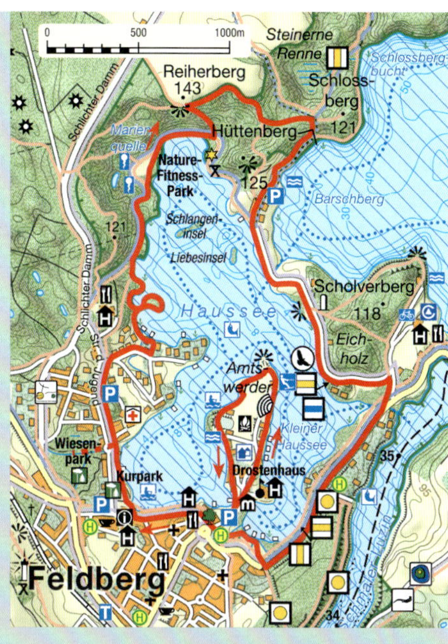

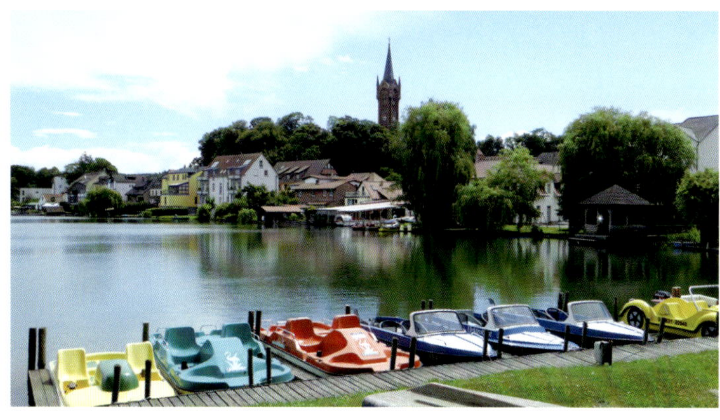
Feldbergs Stadtkirche ist weithin sichtbar

Seit 1853 ist Feldberg im (kur-) medizinisch-touristischen „Geschäft". Was 1853 mit dem Bau einer „Wasserheilanstalt" begann, fand seinen (vorläufigen?) Höhepunkt in der 1998 eröffneten **„Klink am Haussee"**, einer breit aufgestellten Reha-Einrichtung. Seit 2015 darf sich der „staatlich anerkannte Erholungsort" mit dem Titel „Kneipp-Kurort" schmücken.

Vom **Parkplatz Amtswerder** folgen wir der *Wegweisung Zentrum* nach links auf dem hier nicht ausgewiesenen *Weidendamm*. Vor dem Kreisel zweigen wir nach rechts in die *Strelitzer Straße*. Im Auslauf vom **Kirchberg**, auf dem die **Stadtkirche** thront, überwinden wir eine kleine Anhöhe. Von einem am Ufer des **Haussees** gelegenen Spielplatz bietet sich uns eine erste ungehinderte Seesicht.

Der in einem Endmoränengebiet eingebettete **Haussee** gehört zu den kleineren Gewässern in der Feldberger Seenlandschaft. Der maximal zwölf Meter tiefe Zungenbeckensee besteht aus drei Teilen: dem Nordbecken mit der Insel **Grabenwerder** (auch: **Schlangeninsel**) und der **Liebesinsel**, dem **Stadtbecken** und dem **Kleinen Haussee**. Der See entwässert über den 1820 vornehmlich als Transportweg für die Lichtenberger Ziegelei nach Feldberg gegrabenen **Luzinkanal** in den Breiten Luzin. Der 1810 angelegte **Seerosenkanal** wurde 1969 versperrt, damit das seinerzeit stark belastete Wasser des Haussees nicht länger in den unter Naturschutz stehenden Schmalen Luzin abfließen konnte.

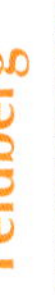

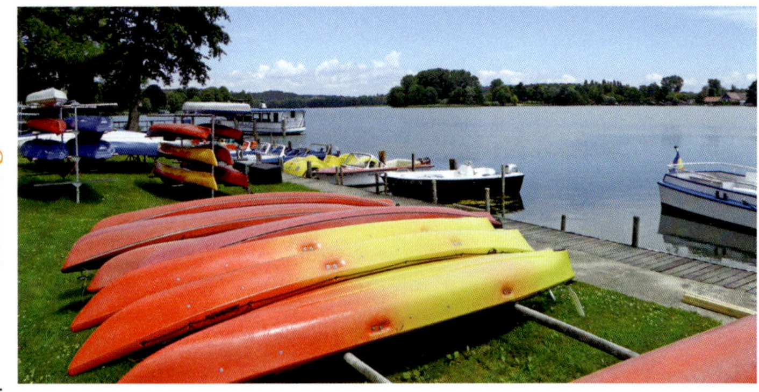

Der Haussee – ein Eldorado für muskelbetriebenen Wassersport.

Vor der **Touristinformation** zweigen wir nach rechts in den **Kurpark**. Ufernah bummeln wir durch eine Lindenallee, passieren den Anleger der **„Feldberger Fahrgastschifffahrt"**, die von hier mit einem elektrobetriebenem Grachtenschiff zu sehr reizvollen Rundfahrten in die umliegende Seenwelt aufbricht. Von einem mit Bänken ausgestatten Seesteg gibt es eine schöne Sicht auf den Ort. Aus dem **Kurpark** gelangen wir in die hier nicht ausgewiesene *Kastanienallee*, der wir nach rechts folgen.

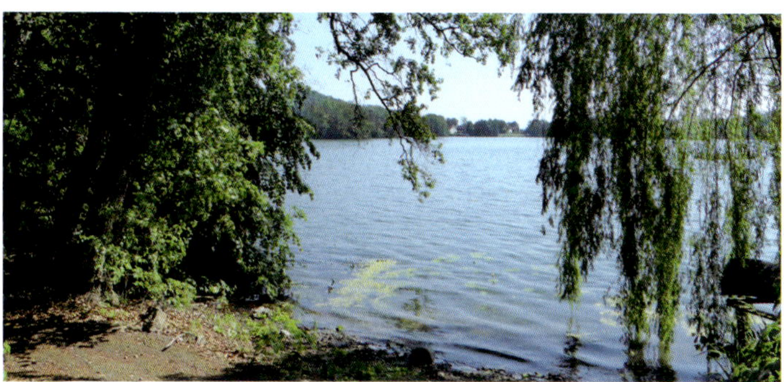

Blick über den Haussee auf die Siedlung Feldberger Hütte

Abstecher: Wiesenpark

Zwischen den Häusern 21 und 23 führt ein gepflasterter Weg nach wenigen Metern zum Rundweg durch den Wiesenpark. Auf dem Hinweg zurück (Mehraufwand 0,9 Kilometer).

Der **Feldberger Wiesenpark** ist ein grünes Freilichtmuseum: Auf einer gut neun Hektar großen Moorwiese finden sich über 100 verschiedene Pflanzen, darunter als Besonderheit wilde Orchideenarten wie das Breitblättrige Knabenkraut. Ein gut 800 Meter langer Bohlenrundweg führt, begleitet von zahlreichen informativen Schautafeln, durch unterschiedlich genutzte Wiesen und Brachflächen und an Röhricht, Weidengebüsch, Obstbäumen, Hecken und Gräben entlang.

Mit Hilfe einer Holzbrücke überwinden wir einen Wasserlauf und erreichen einen Kreisel. Links haltend folgen wir der *Wegweisung Haussee-Rundweg* in die *Straße der Jugend*. Leicht ansteigend gelangen wir durch ein altes Villenviertel zu einer Straßengabelung. Hier wenden wir uns nach rechts in die Straße *Klinkecken* (Sackgasse), bei einer weiteren Straßenverzweigung halten wir uns links. Vor der Einfahrt zum Haus 27 zweigt nach links ein unscheinbarer Pfad ab, auf dem wir durch Wald zum Gelände des **Feldberger Bootsvereins „Klinkecken"** und damit an den **Haussee** gelangen. Den bewaldeten Hang zur Linken, den **Haussee** mit den beiden zum Greifen nahen Inseln zur Rechten führt uns der Uferpfad zu einem kleinen Bootshaus. Hier stoßen wir auf die *Nordic Walking Route 1*. Rechts haltend setzen wir unseren Uferbummel fort - wir befinden uns nun im hier nicht ausgewiesenen **Naturschutzgebiet Feldberger Hütte**. Eine ausgedehnte feuchte Senke durchqueren wir hoffentlich trockenen Fußes: Sollte dieses nach starken Regenfällen nicht möglich sein, geht es vom Bootshaus links haltend hinauf zum nahen asphaltierten Radweg, auf dem wir unsere Wanderung nach rechts fortsetzen. Am Ende des Feuchtgebietes endet der Uferweg. Auf dem zehn Meter entfernten Radweg kommen wir rechts haltend zum Rastplatz am Fuß des 143 Meter hohen **Reiherberges**. Die Besteigung der großartigen Aussichtswarte ist eine schweißtreibende Angelegenheit: Auf einem steilen, teils mit einem Geländer gesicherten Treppenweg wollen 60 Höhenmeter überwunden werden.

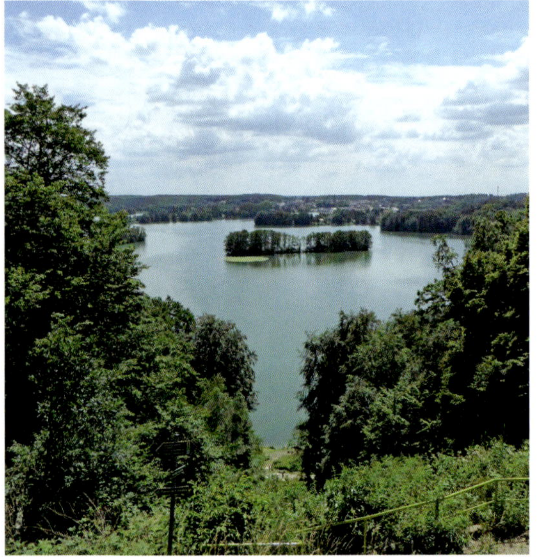

Blick vom Reihersberg auf den Haussee mit der Schlangeninsel im Vordergrund, im Hintergrund zeigen sich der Amtswerder (li.) und Feldberg (re.).

Wer auf die „Bergwertung“ und damit auf den anschließenden Höhenweg verzichten möchte, folgt dem asphaltierten Radweg bis zur **Feldberger Hütte** (Ersparnis 0,9 Kilometer, 60 Höhenmeter). Die Aufstiegsmühen werden mit einer der schönsten Aussichten in der **Feldberger Seenlandschaft** belohnt: Über den **Haussee** mit dem **Grabenwerder** und der **Liebesinsel** reicht die Sicht auf die Feldberger Stadtsilhouette und weit über diese hinaus. Eine überdachte Bank lädt zu einer ausgiebigen (Schau-)Rast ein. Der 2019 an diesen Ort verbrachte 26 Tonnen schwere Findling ist dem Feldberger Heimat- und Naturforscher **Reinhard Barby** (1887–1974) gewidmet.

Vom Aussichtsbalkon ein paar Stufen abwärts folgen wir der *Wegweisung Reinhard-Barby-Höhenweg* nach links. Auf einem schmalen Pfad queren wir mehrere steil abfallende, mit prächtigem Buchenhochwald bestandene Tälchen. Unterhalb des **Förstergrabs am Hüttenberg** teilt sich der Pfad. Wir verlassen hier den Höhenweg und folgen der *Wegweisung Schlossberg* nach links. Vor der angezeigten Erhebung (→ S. 158) stoßen wir auf einen breiten Forstweg. Mit *Wegweisung Feldberger Hütte* verlassen wir auf diesem das **Naturschutzgebiet Feldberger Hütte**. Auf dem nunmehr asphaltierten Fahrweg passieren wir linker Hand die am **Breiten Luzin** (→ S. 157f) gelegene **Badewiese Hüttenberg**, rechter Hand den mühelos ersteigbaren **Hüttenberg**. Nach wenigen Metern erreichen wir die **Feldberger Hütte**.

Unterhalb des Hüttenbergs eröffnete 1776 die **Feldberger Glashütte**. Zeitweilig produzierten mehr als 170 Menschen, die auf dem Hüttengelände lebten und arbeiteten, zunächst grünes Gebrauchsglas („Mecklenburger Waldglas“), später auch Fensterglas. Als durch den enormen (Buchen-)Holzverbrauch der immer hungrigen Siedeöfen der Bestand der Feldberger Wälder gefährdet war, wurde die Glasproduktion 1816 eingestellt, das Hüttengelände Sitz einer Försterei – nachhaltige Waldnutzung war nun angesagt. Das 1915 erbaute Forsthaus **Feldberger Hütte**, eine stattliche Villa, wurde 2013 in ein Ferienhaus umgewandelt.

Auf Höhe der Hütte stoßen wir auf einen asphaltierten Fahrweg, dem wir mit *Wegweisung Feldberg Zentrum* nach links folgen. Nach wenigen Metern erreichen wir den **Backofenberg**. Hier konnten seinerzeit die Arbeiter der Glashütte ohne Feuergefahr für ihre rohrgedeckten Holzhütten Brot backen. Der kurze Anstieg hinauf zum überdachten Rastplatz lohnt vor allem wegen der schönen Sicht auf den **Haussee** und den **Breiten Luzin**. Durch beidseitig ufernahes Weideland, auf dem ganzjährig **Dexter Rinder** und **Gotlandschafe** grasen, kommen wir zum **Luzinkanal**.

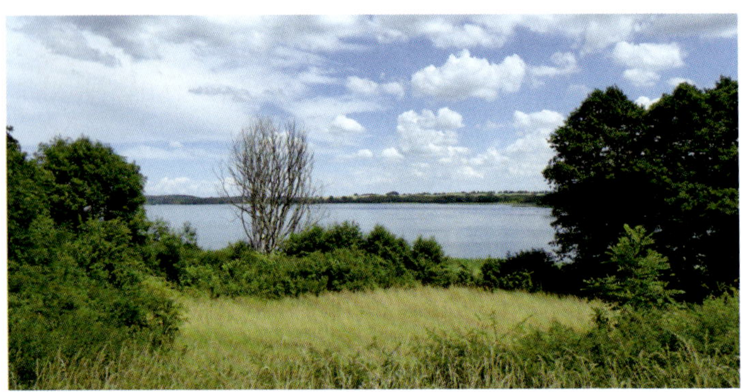

Blick vom Backofenberg auf den Breiten Luzin

Über den Kanal hinweg passieren wir das am bewaldeten Hang des **Scholverbergs** stehende **Reinhard-Barby-Haus**. Der um 1930 entstandene Wohnsitz des Feldberger Ehrenbürgers beherbergt heute Ferienwohnungen. An einigen im Wald „versteckten" Ferienhäusern vorbei erreichen wir eine Querstraße. Rechts haltend gelangen wir zur hier nicht ausgewiesenen *Prenzlauer Straße*. Dieser folgen wir auf dem begleitenden Bürgersteig nach rechts. Nach wenigen Metern überqueren wir den **Seerosenkanal**. An der ausgedehnten Anlage des **„Gartenvereins am Schmalen Luzin"** entlang steigt die Straße hinauf zum **Gottsberg**. Vom früheren Kirchenacker bietet sich uns eine schöne Sicht auf den **(Kleinen) Haussee**. Vor der Ortseinfahrt verlassen wir die *Prenzlauer Straße* nach rechts, folgen einem Schotterweg (Schranke) bis zu einem kleinen Platz vor einigen Bootshäusern und gelangen nach links auf einen Bohlenweg. Links an zahlreichen Bootshäusern vorbei folgen wir dem Pfad durch stellenweise feuchte Abschnitte bis zu einem Querweg. Rechtshaltend kommen wir auf diesem an einigen Kleingärten vorbei zurück zum **Parkplatz Amtswerder.**

Die Umrundung des **Amtswerders** sollten wir auf keinen Fall versäumen. Daher verlassen wir den Parkplatz auf dem hier nicht ausgewiesenen *Weidendamm* nach rechts. Am ovalen **Amtsplatz** passieren wir das ehemalige **Drostenhaus**, die **Heimatstube** und das ehemalige **„Hotel Pfitzner"**.

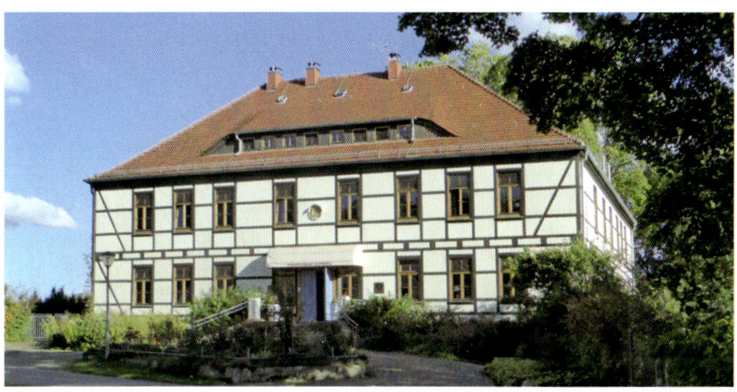

Das barocke Drostenhaus gründet auf den Resten einer mittelalterlichen Burg.

Rechts haltend gelangen wir auf der gepflasterten Dorfstraße zu einem Kreisel. Hier folgen wir der *Wegweisung Seebühne*. Auf einem anfänglich asphaltierten Weg erreichen wir nach wenigen Metern die **Seetribüne** des 1961 gegründeten **„Wasserskiclubs Luzin"**. Seit 1973 finden auf der Anlage nationale und internationale Wasserski-Wettkämpfe statt. Auf einem Wiesenweg bummeln wir am Ufer des **Kleinen Haussees** zur Nordspitze der Halbinsel. Von den **Amtswerderecken** gibt es eine schöne Sicht auf die beiden Seeteile und das Buchenwaldhochufer mit dem **Reiherberg**. Der Wiesenweg führt nun am Ufer des **Haussees** entlang, passiert das **„Bistro Am See"** und endet schließlich am einladenden **Strandbad**. Vom Badesteg gibt es eine schöne Sicht auf die Feldberger Stadtsilhouette mit der alles überragenden **Stadtkirche**. Neben dem Bad lockt der **„Fischereihof Frankiw"** zur Einkehr in die am Hausseeufer liegende **„Fischerhütte"** – hier kommt der Fang aus den umliegenden Seen frisch oder geräuchert auf die Teller. Rechts am großen Parkplatz entlang gehen wir auf der Straße *Fischereihof* zurück zum Kreisel. Hier bittet das ebenfalls empfehlenswerte **„Mecklenburger Fischstübchen"** zur Einkehr – wer die Wahl hat… Auf dem Hinweg kehren wir zum **Parkplatz Amtswerder** zurück.

Feldberg – Rund um den Breiten Luzin

Im Vergleich zu seinen Feldberger Nachbarn Schmaler Luzin und Haussee wird der Breite Luzin von Touristen weniger beachtet. Ausgedehnte Buchen- und Nadelwälder, ein (be)sinnlicher Kurwald, hügelige Weide- und Ackerflächen, gut ausgestattete Badestellen und zwei traumhaft schön gelegene Gasthäuser – wer sich auf den Rundweg um den Breiten Luzin einlässt, wird reichlich belohnt.

Start/Ziel: Feldberg, (eingeschränkter) Parkplatz am Seerosenkanal (Achtung: Buswendeplatz!)
An-/Abfahrt mit öffentlichen Verkehrsmitteln: ab/bis Feldberg mit den MVVG-Buslinien 619 (aus/in Richtung Neustrelitz) sowie Mo–Fr 629 (aus/in Richtung Carwitz)
Anforderungen: Mäßig anstrengende Rundwanderung auf überwiegend breiten Wald-, Feld- und verkehrsarmen Fahrwegen, eine längere Straßenpassage. Für Familien mit Kindern unter 12 Jahren nicht geeignet.
Streckenlänge: 13,6 Kilometer
Anstiege/Abstiege: 120 Höhenmeter
Einkehr: außerhalb von Feldberg Kiosk am Lichtenberger Strand (saisonal), Café-Restaurant „Seehotel Lichtenberg“ in Lichtenberg, Hotel-Restaurant „Altes Zollhaus“ am Ortsrand von Feldberg
Karte: Rad-, Wander- & Gewässerkarte „Feldberger Seen“
Sehenswertes: Bronzezeitliche Steinhügelgräber in den Lichtenberger Buchen, Kurwald am „Seehotel Lichtenberg“

Vom kleinen **Parkplatz am Buswendeplatz** folgen wir der hier nicht ausgewiesenen *Prenzlauer Straße* nach rechts. Über den **Seerosenkanal** (→ S. 150) hinweg zweigen wir nach wenigen Metern mit *Wegweisung Feldberger Hütte* nach links auf den asphaltierten Fahrweg *Zum Erddamm*. Nach gut einhundert Metern gabelt sich der Weg. Wir setzen unsere Wanderung mit *Wegweisung Hof Eichholz* geradeaus fort. Den bewaldeten **Scholverberg** zur Linken, den **Campinglatz „Am Bauernhof“** zur Rechten gelangen wir zu dem platzeigenen Badestrand samt Bootsanleger am nördlichen Ende des **Schmalen Luzins** (→ S. 141f). Hinter der Feuerstelle beginnt ein weitgehend ebener Waldweg, auf dem

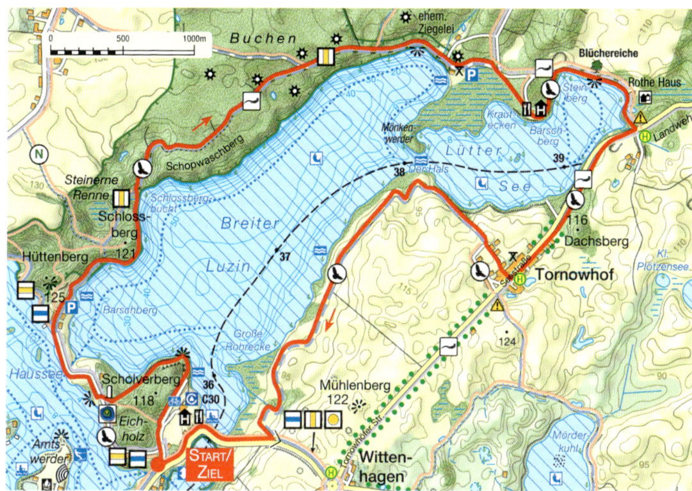

wir den steilen **Scholverberg** umrunden. Dabei bietet sich uns an den **Scholverecken** ein erster Ausblick auf den schilfumsäumten **Breiten Luzin**.

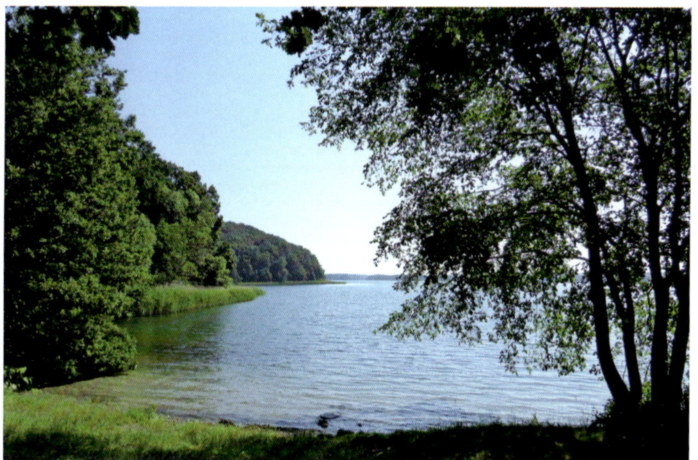

Einladende Badestelle am Breiten Luzin unterhalb des Hüttenbergs.

Der **Breite Luzin** ist ein glazialer Zungenbeckensee. Der maximal 3,4 Kilometer lange und 1,8 Kilometer breite See ist in zwei Becken gegliedert. Das bedeutend größere südwestliche Becken weist eine maximale Wassertiefe von 58,3 Metern (22 Meter mittlere Tiefe) auf, womit der See nach dem Schaalsee der zweittiefste in Mecklenburg-Vorpommern ist. Das durch die Landzunge Mönkenwerder abgetrennte östliche Becken, **Lütter See**, ist deutlich flacher und besitzt eine zentral gelegene Insel. Der Breite Luzin hat mit dem Luzinkanal (→ S. 150) einen künstlich geschaffenen Zufluss aus dem Haussee, er entwässert in den Schmalen Luzin. Der besonders fischreiche See darf nur von Booten ohne Verbrennungsmotor befahren werden.

Einem Querweg folgen wir nach rechts und gelangen mit schöner Sicht auf den **Haussee** (→ S. 150) leicht abwärts auf einen asphaltierten Fahrweg. Rechtshaltend passieren wir ufernahes Weideland, auf dem **Dexter Rinder** und **Gotlandschafe** grasen. Über den **Luzinkanal** hinweg erreichen wir alsbald den **Backofenberg** – der kurze Anstieg hinauf zum überdachten Rastplatz lohnt vor allem wegen der schönen Sicht auf den **Haussee** und den **Breiten Luzin**. Vor den Gebäuden der **Feldberger Hütte** (→ S. 153) teilt sich der Fahrweg. Rechtshaltend folgen wir der *Wegweisung Schlossberg* an den Fuß des **Hüttenbergs**. Von dem mit wenig Aufwand ersteigbaren Hügel bietet sich eine weitreichende Sicht auf den **Breiten Luzin** und den **Haussee**. An der ausgedehnten **„Badewiese Hüttenberg"** links entlang gelangen wir alsbald in das **Naturschutzgebiet Feldberger Hütte**. Wir verlassen nun die Uferregion des **Breiten Luzins** und steigen auf einem geschotterten Forstweg hinauf zu einer Wegverzweigung mit Aussichtsbank. Rechter Hand erhebt sich der von altem Buchenwald bestandene **Schlossberg**. Auf diesem befand sich im 7./8. Jahrhundert eine slawische Höhenburg, die bis zu 1.000 Menschen Platz bot. Mit *Wegweisung Lichtenberg* setzen wir unsere Wanderung geradeaus fort. Nach wenigen Metern erreichen wir eine weitere Wegverzweigung. Rechtshaltend folgen wir dem *Rundweg Breiter Luzin*. Links am **Schlossberg** entlang steigen wir hinab an die zum **Breiten Luzin** gehörende **Schlossbergbucht**. Was wir dabei an Höhenmetern verlieren, dürfen wir umgehend wieder „erarbeiten": Ein spürbarer Anstieg führt uns hinauf auf den von prächtigen Buchen bestandenen **Schobwaschberg**, der steil zum hier und da durch das Blattwerk schimmernden See abfällt. In sanftem Auf und Ab führt der

Forstweg nun in einiger Entfernung zum **Breiten Luzin** durch die **Lichtenberger Buchen**, in der zahlreiche bronzezeitliche Steinhügelgräber liegen. Nachdem wir die Abzweigungen der nach **Schlicht** und **Lichtenberg** führenden Forstwege passiert haben, verliert der Hauptweg nicht nur zunehmend an Höhe, er führt uns auch wieder in Sichtweite des **Breiten Luzins**. Am südlichen Rand der **Lichtenberger Tannen** verlassen wir das **Naturschutzgebiet Feldberger Hütte** und erreichen alsbald den am nördlichen Ufer des **Breiten Luzins** liegenden **Lichtenberger Strand**. Hier wurden vom Ende des 17. bis ins 20. Jahrhundert hinein die in der nahen **Ziegelei Lichtenberg** gebrannten Mauersteine und Dachpfannen nach **Feldberg** verschifft. Heute dient der reizvolle Flecken ausschließlich touristischen Bedürfnissen und bietet eine gepflegte Liegewiese, Sanitäranlagen, einen saisonalen Kioskbetrieb, großzügige Parkplätze und eine großartige Sicht über den See.

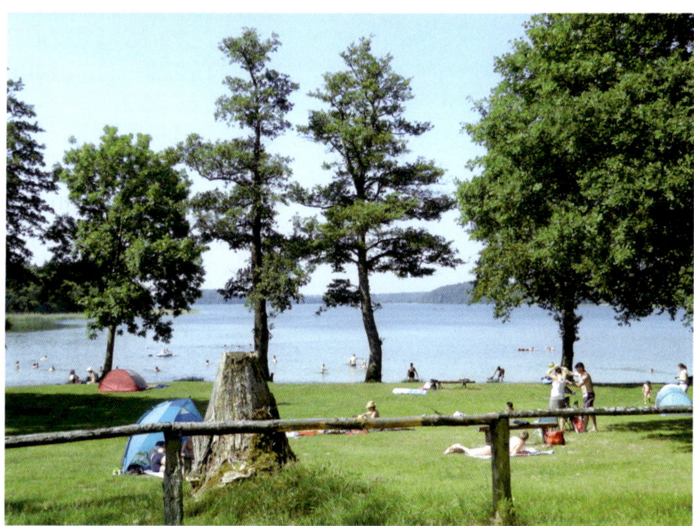

Am Nordufer des Breiten Luzin liegt der gut besuchte Lichtenberger Badestrand.

Mit *Wegweisung Wittenhagen* folgen wir vom Strand dem anfänglich geschotterten Zufahrtsweg. Rechter Hand erstreckt sich die sumpfige Halbinsel **Mönkenwerder**, die den **Breiten Luzin** vom **Lütter See** trennt. Wo der nun von Birken gesäumte Fahrweg nach links abknickt, folgen wir geradeaus der Zufahrt zum **„Seehotel Lichtenberg"**. Nach zehn Metern verlassen wir diese mit *Wegweisung Uferweg Kurwald* nach rechts.

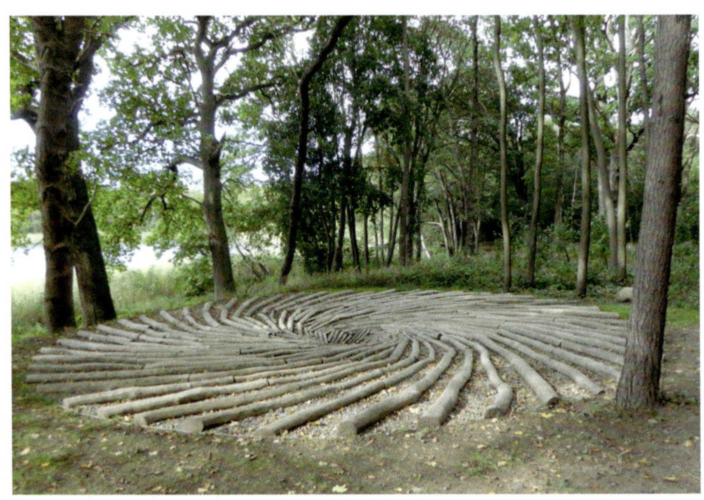

„LandArt-Objekt" im öffentlich zugänglichen „Kurwald" des „Seehotels Lichtenberg".

Das ehemals auf einer Anhöhe über dem See thronende Alte Forsthaus wurde nach umfangreichen Umbauten als **„Seehotel Lichtenberg"** eröffnet. Die Besitzer des einladenden Gasthauses haben mit „sacht gestaltender Hand" den umgebenden Wald zu einem **Kurwald** entwickelt. Auf der von verschlungenen Pfaden erschlossenen vier Hektar großen Halbinsel finden sich neben uralten Eichen, Wildfrüchten und Findlingen originelle Kunstobjekte sowie gepflegte Kneippanlagen. Zahlreiche Drehliegen und Hängematten laden zum Verweilen ein. Der Kurwald ist frei zugänglich, nur der aufwändig gestaltete Seesteg ist den Hotelgästen vorbehalten.

Nach wenigen Metern erreichen wir den mit zwei gemauerten Pfosten symbolisierten „Eingang" in den **Kurwald**. Mit reizvollen Ausblicken auf den **Lütter See** bummeln wir durch den abwechslungsreichen Park, erwägen die Einkehr in das empfehlenswerte Café-Restaurant des **„Seehotels Lichtenberg"** und verlassen die überaus (be)sinnliche Anlage stilgerecht durch zwei gemauerte Pfosten. Nach wenigen Schritten stoßen wir auf die Hotelzufahrt. Rechtshaltend gelangen wir am bewachsenen Seeufer entlang zur **Blüchereiche**. An dem imposanten Baum soll **General von Blücher** (1742–1819) mit seinen Soldaten am 27.10.1806 nach der verlorenen **Schlacht von Auerstädt** auf der Flucht vor den napoleonischen Verfolgern vorbeigezogen sein.

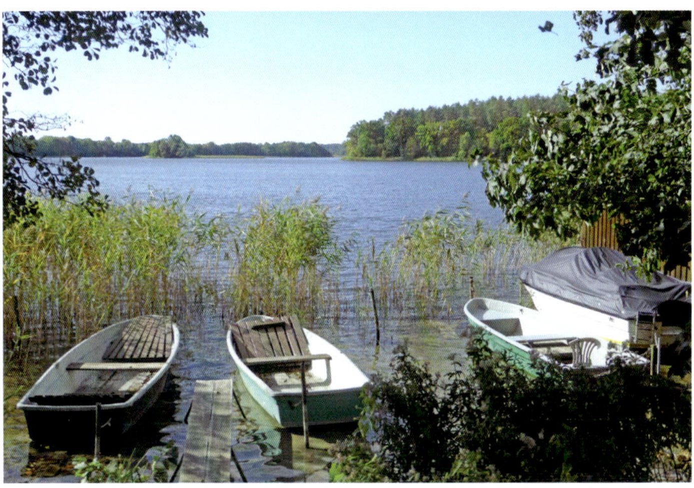

Versteckter Bootsplatz am Lütter See

Ohne Fluchtgedanken setzen wir unsere Wanderung am **Lütter See** fort, passieren den gleichnamigen **Ferienhof** und erreichen durch einen schönen Buchenwald die hier nicht ausgewiesene *Seestraße/L 341*. Bevor wir dieser mit *Wegweisung Wittenhagen* nach rechts folgen, sollten wir einen Blick auf die gegenüberliegende mittelalterliche **Landwehr** werfen. Das aus einem Wall mit doppeltem Graben bestehende archäologische Denkmal markiert die Grenze zwischen **Mecklenburg-Vorpommern** und **Brandenburg**.

Für gut einen Kilometer bestimmt nun die - zum Glück - wenig befahrene Landesstraße unser Sein. Zunächst in Ufernähe, dann landein steigen wir durch Wald und offenes Gelände hinauf nach **Tornowhof**. In dem 1730 als Meierei von **Wittenhagen** angelegten, 1870 zum eigenständigen Gut erhobenen Dorf präsentiert sich uns die *Seestraße* als alte Lindenallee. Auf Höhe eines einladenden Rastplatzes zweigen wir mit *Wegweisung Feldberg Uferweg* nach rechts in den *Wiesenwinkel*. An einigen Einfamilienhäusern vorbei verlassen wir das Dorf. Ein origineller Wegweiser entlässt uns auf den durch Acker- und Weideland sanft abfallenden *Uferweg Breiter Luzin*.

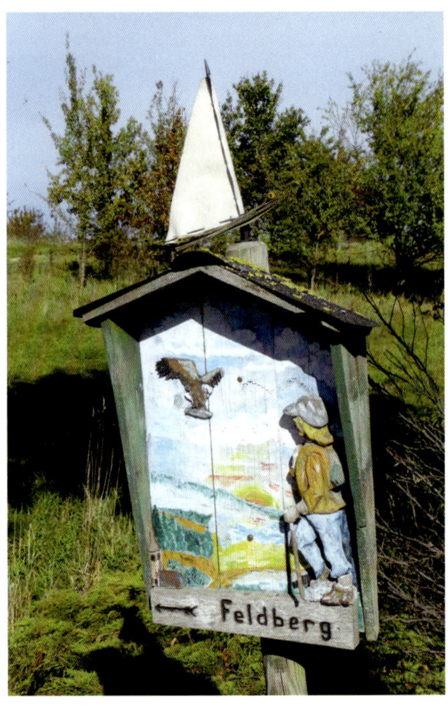

Originell gestalteter Wegweiser in Tornowhof

Wo dieser einen deutlichen Linksknick macht, sollten wir auf keinen Fall auf den kurzen Abstecher zu der nicht ausgewiesenen Badestelle am **Hals** verzichten: Zum Greifen nah liegt die Halbinsel **Mönkenwerder**, rechter Hand zeigt sich über dem **Lütter See** das **„Seehotel Lichtenberg"**. Zurück auf dem Uferweg ist vom **Breiten Luzin** fast nichts zu sehen – er „versteckt" sich meist hinter einem zwar schmalen, aber blickdichten Baumstreifen. Diesen zur Rechten, hügeliges Acker-, Weide- und vor allem Brachland zur Linken führt uns der „Uferweg", der eigentlich ein uferferner Feldweg ist, in leichtem Auf und Ab unterhalb des **Mühlenbergs** hinauf zur Landesstraße *(L 34)*. Dieser folgen wir mit *Wegweisung Erddamm* nach rechts. Auf dem straßenbegleitenden Radweg steuern wir durch offenes Gelände das am Ortseingang von **Feldberg** gelegene Bauwerk an.

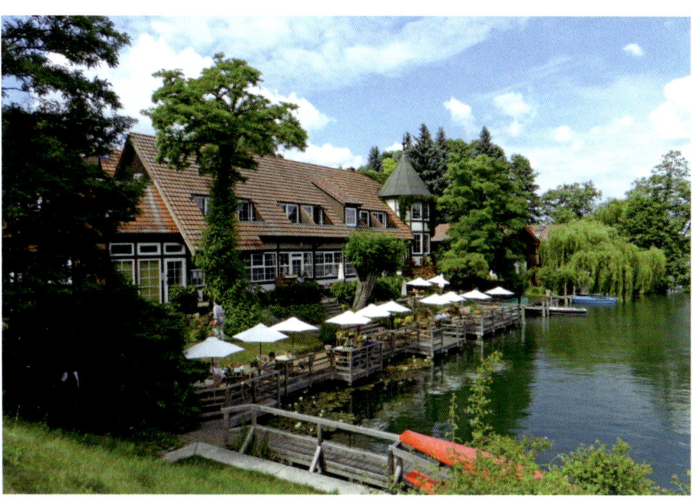

Das „Alte Zollhaus" bietet nicht nur Wasserwanderern einen empfehlenswerten Rastplatz.

An der einzig möglichen, aber immerhin 14 Meter tiefen Stelle des Schmalen Luzins ließ ein Gutsherrenkonsortium 1847 einen **Erddamm** aufschütten – eine bis dahin verkehrende Kahnfähre war dem zunehmenden Güterverkehr nicht mehr gewachsen. Die Gebühr für die Passage der Landbrücke war im **Zollhaus**, dem ein ertragreicher Ausschank angegliedert war, zu entrichten. Nach dem Wegfall der Wegezölle auf öffentlichen Straßen 1909 wurde das reizvoll gelegene Gebäude als weithin beliebtes Gasthaus betrieben. Das heutige **Hotel-Restaurant „Altes Zollhaus"** residiert in einem 1996 eröffneten Nachfolgebau – seine traumhaft schöne Seeterrasse gehört zu den reizvollsten gastronomischen Außenanlagen der Region.

Mit beiderseits schöner Sicht über den nördlichen Abschnitt des **Schmalen Luzins** überqueren wir den Damm, passieren das einladende **Hotel-Restaurant „Altes Zollhaus"** und folgen der hier nicht ausgewiesenen *Prenzlauer Straße* über den **Seerosenkanal** hinweg zum **Parkplatz am Buswendeplatz**.

Stichwortregister

Ausgewählte Literaturhinweise

Barnim und Uckermark, Kristine Jaath, Trescher Verlag, Berlin 2020
Mecklenburgische Seenplatte, Kerstin Sucher und Bernd Wurlitzer, Trescher Verlag, Berlin 2016
Seenland Ruppin, Joachim Nölte, Edition Terra, Berlin 2016
Feldberger Seenlandschaft, Kristine Jaath, Trescher Verlag, Berlin 2020
Rheinsberg und Ruppiner Schweiz, Jo Lüdemann, verlag grünes herz, Ilmenau 2019
Mecklenburgische Seenplatte, Sabine Becht und Sven Talaron, Michael Müller Verlag, Erlangen 2021
52 kleine & große Eskapaden - Mecklenburgische Seen, Sylvia Pollex, Verlag DuMont Reiseverlag, Ostfildern 2020
Mecklenburgische Seenplatte, Jacqueline Christoph, DuMont Reiseverlag, Ostfildern 2021
Mecklenburgische Seenplatte - Zeit für das Beste, Andreas Srenk, Ottmar Heinze, Bruckmann Verlag, München 2020
111 Orte an der Mecklenburgischen Seenplatte, die man gesehen haben muss, Jana Jürß, Emons Verlag, Köln 2018
Obere Havel, Joachim Nölte, Edition Terra, Berlin 2020
Uckermark, Joachim Nölte und Marc Dannenbaum, Edition Terra, Berlin 2018
Uckermark Schorfheide Barnim, Bernd Siegmund, via reise verlag, Berlin 2018
Geologie & Landschaft Mecklenburg-Vorpommern, Rolf und Matthias Reinicke, Demmler Verlag, Ribnitz-Damgarten 2021

Empfohlene Landkarten

Rad-, Wander- & Gewässerkarte 1:35.000,
grünes herz®, Ilmenau

Wesenberg, Neustrelitz	978-3-86636-106-5
Mirow, Von der Müritz bis zum Pälitzsee	978-3-86636-111-9
Rheinsberger Seen, Großer Stechlin	978-3-86636-100-3
Fürstenberg/Havel, Lychen	978-3-86636-105-8
Templin	978-3-86636-109-6
Feldberger Seen	978-3-86636-113-3
Neubrandenburg, Tollensesee	978-3-86636-172-0

Gewässerkarte Maßstab 1:50.000,
grünes herz®, Ilmenau

Mecklenburgische Kleinseenplatte	978-3-86636-996-2

Pocket Fahrradkarte Maßstab 1:75.000,
grünes herz®, Ilmenau

Feldberger Seenland	978-3-86636-087-7

Öffentlicher Nahverkehr mit der Bahn

Neustrelitz-Fürstenberg/Havel
RE 5, Deutsche Bahn, www.db.de
Neustrelitz-Wesenberg-Mirow
RB 16 („Kleinseenbahn"), HANSeatische Eisenbahn,
www.hanseatische-eisenbahn.de

... mit dem Bus

Rund um Neustrelitz - Mirow - Feldberger Seenlandschaft
Mecklenburg-Vorpommersche Verkehrsgesellschaft (MVVG),
www.mvvg-bus.de
Rund um Fürstenberg/Havel
Oberhavel Verkehrsgesellschaft (OVG), www.ovg-online.de
Rund um Templin und Lychen
Uckermärkische Verkehrsgesellschaft (UVG), www.uvg-online.com
Rund um Rheinsberg
Ostprignitz-Ruppiner Personennahverkehrsgesellschaft (ORP),
www.orp-busse.de
Rund um Mirow - Wesenberg
„Kleinseenbus" (Juni-Oktober Süd- und Nordroute),
www.kleinseenbus.de

Touristinformationen

Feldberger Seenlandschaft, Kurverwaltung Feldberger Seenlandschaft,
www.feldberger-seenlandschaft.de
Flecken Zechlin, Touristinformation Flecken Zechlin,
www.fleckenzechlin.de
Fürstenberg/Havel, Touristinformation „Fürstenberger Seenland" e. V.,
www. fuerstenberger-seenland.de
Himmelpfort, Haus des Gastes, www.himmelpfort.de
Lychen, Tourismus-Marketing Templin GmbH, www.tourismus-lychen.de
Neustrelitz, Tourist- und Nationalparkinformation, www.neustrelitz.de
Rheinsberg, Touristinformation Stadt Rheinsberg,
www.tourist-information-rheinsberg.de
Neuglobsow, Touristinformation Stechlin im Glasmacherhaus,
www.stechlin.de
Templin, Tourismus-Marketing Templin GmbH, www.templin.de
Wesenberg, Touristinformation Wesenberg, www.klein-seenplatte.de

Museen, Kultureinrichtungen und Sehenswertes

Annenwalde
Glashütte Annenwalde, www.glashuette-annenwalde.de
Alte Gärtnerei Annenwalde, www.alte-gaertnerei-annenwalde.de
Bergfeld
Gut Bergfeld, www.gut-bergfeld.de

Carwitz
Hans-Fallada-Museum, www.fallada.de
Feldberger Seenlandschaft
Heimatstube Feldberg, www.mecklenburgische-seenplatte.de
Schäferei Hullerbusch, www.schaeferei-hullerbusch.de
Fürstenberg/Havel
Heimatkundliche Ausstellung Fürstenberg, www.fuerstenberg-havel.de
Himmelpfort
Weihnachtspostfiliale, www.deutschepost.de
Naturschutzstation Woblitz, www.wildvogelhilfe.org
Lichtenberg
Kurwald am „Seehotel Lichtenberg", www.seehotel-lichtenberg.de
Lychen
Flößereimuseum, www.floesserverein-lychen.de
Menz
Besucherzentrum NaturParkhaus Stechlin, www.naturparkhaus.de
Künstlerhof Roofensee, www.kuenstlerhof-roofensee.de
Neustrelitz
Plastikgalerie Schlosskirche Neustrelitz,
www.mecklenburgische-seenplatte.de
Stadtkirche, www.stadtkirche-neustrelitz.de
Kulturquartier Neustrelitz, www.kulturquartier-neustrelitz.de
Alte Kachelofenfabrik, www.basiskulturfabrik.de
Slawendorf Neustrelitz, www.slawendorf-neustrelitz.de
Neuglobsow
Glasmacherhaus Neuglobsow, www.stechlin.de
Rheinsberg
Museum Schloss Rheinsberg, www.spsg.de
Kurt-Tucholsky-Literaturmuseum, www.tucholsky-museum.de
Keramikmuseum, www.museen.de
Eisenbahnmuseum, www.bahnhof-rheinsberg.de
Serrahn
Nationalpark-Information Serrahn, www.mecklenburgische-seenplatte.de
Templin
Museum für Stadtgeschichte Templin, www.museum-templin.de
Wesenberg
Heimatstube, siehe Touristinformation
Museum für Blechspielzeug und mechanische Musikinstrumente,
www.villa-pusteblume-wesenberg.de
Skulpturenpark Wesenberg, www.sculpture-park-wesenberg.de
Wustrow
Heimatstube und Helmut Sakowski Lesestube Wustrow,
www.mecklenburgische-seenplatte.de

Trotz gewissenhafter Bearbeitung kann eine Haftung für den Inhalt nicht übernommen werden. Für aktuelle Ergänzungen und Anregungen ist der Verlag jederzeit dankbar.

Der Autor dankt seiner Frau, Irene Schumacher, für die tatkräftige Unterstützung seiner Recherche.

Impressum

Am Hang 27–28, 98693 Ilmenau
Telefon: 03677 / 46628-0, Fax: 03677 / 46628-80
www.gruenes-herz.de

Titelfotos: Hans-Jürgen Fuß
Fotos: Hans-Jürgen Fuß,
außer Seiten 42, 43, 45, 81 und 142: Irene Schumacher
Titel: Sibylle Senftleben
Layout: Ute Schmidt, Grafik-Design, Geraberg
Satz: Sibylle Senftleben
Schrift: Book Antiqua, Zapf Humanist
Kartographische Ausführung: mr-kartographie, Gotha; Sibylle Senftleben
Redaktion: Anette Cotta
Druck: Salzland-Druck, Staßfurt
1. Auflage 2022

ISBN 978-3-86636-398-4